# 编委会

# 创业校友访谈录

CHUANGYE XIAOYOU FANGTAN LU

缪劲翔　臧　强◎主编

人民出版社

# 前　　言

创业,已经成为一种时代潮流。

习近平总书记曾说:“创新驱动是国策,只有新旧动能真正实现历史性转换,中国才能真正强大起来。我们要推动营造科技创新的生态‘小气候’,增加我们的虹吸力。实现中华民族伟大复兴,有如我们先人所讲,要苟日新、日日新,要天行健、自强不息。”习近平总书记这番话,指出了创新创业在中华民族伟大复兴这一历史洪流中的重要作用,对投身创新创业的年轻人给予了充分的肯定与理想嘱托。

如今,高等教育已从精英化全面走向大众化,并进一步走向普及化,整个社会面临着相当大的就业压力。作为怀揣“家国梦”的当代青年在追逐梦想,奋勇拼搏的同时,也面临着城市就业难、职位就业难、高薪就业难、对口就业难等诸多问题。大学生就业压力不仅与大学生自身利益有关,也与社会稳定发展和祖国繁荣富强紧密相关。

从某种程度上来说,创业也是就业的一种表现形式,并且可以带动更多的就业。在这种情况下,很多有志青年已经开始关注和思考,力争通过创业成为一个能主导自己命运的王者。与此同时,为了缓解大学生就业压力,政府出台了一系列政策,涉及融资、开业、税收、创业培训、创业指导等诸多方面,来鼓励大学生积极创业。各高校也充分响应,大量投入人力物力资源,组织多种形式的创业大赛及相关辅导,希望从各个方面来给予这些年轻的创业者以帮助和支持。可以说,对于大学生创业者来讲,这是一个充满机遇的时代。

当然,诚如我们所看到的,有些对于创业概念仍然比较模糊的朋友,往往认为创业是一种非常高大上的事物。殊不知，创业可以帮助年轻人加深自我认知、丰富阅历、了解社会风貌。创业的过程，是历练的过程，也是成长的过程。创业和就业两者息息相关，互为表里。我们常常鼓励大学生，即便没有收获理想的创业果实，能够经历这个过程，在未来以创业者的心态去就业，也是一件非常有意义的事情。

就像当随队记者问及珠峰登顶者“你为什么要攀登珠穆朗玛峰?”对方回答:“因为山在那里。”每位创业者都会有自己创业的初心，这可能是对单一信念的坚持，也可能是多方面因素共同作用的结果。为了盈利、为了理想、为了情怀或是为了其他的目标，这些都足以成为你迈出第一步的动因。一旦走上这条路，就应该清楚地认识自己，明白自己的追求，知道自己具有的能力，适合在什么样的平台上最大限度地发挥所能，找准自己的人生目标。当你明确了这些，你就能更好地做出判断和选择，并不断地做出优化和调整。创业需要很多的积累，也会为你沉淀更多的宝贵经历，帮助你拥有更高的格局，使你的人生变得更加丰富多彩。就像本书中一位创业者所说的那样:“走出那一步，一切都不一样了。”

本书不同于其他创业指导类的书籍，并没有习惯性的从整体进行知识普及或者传授具体问题的解决技巧，而是以访谈的形式，像一位位亲切的长者在为你分享他们的心酸历程和经验心得。小到一个项目的始末，大到对人生的体会和雕琢，处处流露着创业者的真情实感，从而帮助读者了解那些也曾作为普通大学生的创业者，是如何一步一步经营起自己的事业，他们遇到了哪些问题，又用什么方式化解，是怎样在平淡中隐忍，又是如何在宁静中绽放，从而最终走向成功的创业结果，收获属于自己的人生财富。

正如《墨子·非攻中》中的说法:“君子不镜于水，而镜于人。镜于水，见面之容;镜于人，则知吉与凶。”相信这种访谈的形式，能帮助你把别人当作反思自己的镜子，多角度全方位认识自己，从别人身上及时地发现自己的不足，促使自己不断进步。更希望这些前人的经历，可以为你带来创业领域的思想启蒙，帮助你塑造起自身对于创业的客观认识和价值观念，在实际的项目运作中，发挥一定的指导作用。

# 前　言

本书致力于以访谈的形式，为读者带来一段段真实的创业经历，从创业者的个人背景、项目概况、创业初心、奋斗历程到经验总结、心得感悟，全面具体地呈现了创业背后的点点滴滴。力图用朴实真挚的叙述，来帮助读者以最快的时间了解创业的真实面貌，丰富相关的阅历。内容真实，通俗易懂，应该是一本较为专业的创业访谈类书籍的目标，相信在通读本书之后，能引发你对创业的深刻思考，使你充分意识到这些事件背后，蕴含的偶然与必然。“谋事在人，成事在天”，诚然我们没有办法在风云诡谲的市场环境中探索出一套四海皆准、行之有效的实施方案，能够确保创业项目的绝对成功。但是在风险与机遇并存的当下，我们可以通过本书告诉读者，敢于直面挑战，才是获取成功的不二法门。努力不一定成功，但是放弃一定失败。没有任何的胜利可以轻易地获取，只有饱含希望，挥洒热血，才能走过黎明前的黑暗，迎接光明。

本书的访谈对象，都是首都师范大学的创业校友。在访谈中，我们尽可能深入地挖掘这些创业者的真实经历，通过这些创业者背后的一个个事件，来实现以点带线，以线带面，最终透过对这些创业者个体经历的整体分析，来呈现和反映出每一位创业者的创业方法和成功经验。相比于各大媒体已经广泛宣传的众多优秀知名企业家的创业故事，这些创业者的发展历程更加贴近于准备创业或者处于创业初级阶段的人，尤其是在校创业者来探讨学习，并从中获得自己的感悟。

对于究竟应该采用什么样的创业形式，设计什么样的创业路径，本书并没有打算给出统一的答案。我们更期待各位读者能够通过阅读本书从而发现，每个人似乎都有相似的起点（或说是学习经历），而又有着各自不同的爱好和倾向。当面临创业选择的时候，之前的一切都有可能会成为下一阶段的铺路石，帮助创业者快速理智地寻找到突破的方向。创业前辈们的经历是抛砖引玉，更是指路明灯。在复制中迭代，在学习中扬弃，在坚守中创新，是我们希望这本书给每一位创业者带来的启示。

最后送给各位本书的读者一句话：创业不易，“靡不有初，鲜克有终”，不负韶华，且行且珍惜。

# 目　　录

# 孙志英:不忘教育初心

她是老师——“小学自然教学法”教师、“旅游管理”专业高级讲师;她是创业者——“小脚丫走天下”亲子游学品牌创始人、“中国生涯助力学校”研学旅游品牌发起人。她,是孙志英,我们亲切地称她为“孙老师”。1985年,孙老师毕业于首都师范大学地理教育专业,多年来与资源环境与旅游学院的旅游管理专业对接,为同学们提供专业的平台进行实习、积累经验。

孙老师创建的“小脚丫走天下”,是入驻在首都师范大学科技园中专业的亲子游学、研游旅行的教育品牌,联合全国各地大学师生团队,潜心研发、策划学龄前(3—6岁)、小学(7—12岁)两个学龄段的校外综合实践活动方案。努力实现课程学习、研究性学习和综合实践活动三者的有机统一,改变少儿的学习形态,拓展少儿的视野,优化自主选择学习的育人模式,促进少儿多元发展,适应社会需求。

今天,资源环境与旅游学院的小记者们就带着对孙志英老师职业生涯的好奇和对她的感激对她进行了深度访问。

## 我是一定要当老师的

我是一定要当老师的!

我从小就知道这一点,所以高考填报志愿时毅然决然地填报了北京师范学院(现更名为“首都师范大学”),并选择了地理专业。因为在我看来,地理是一个综合学科,它能开阔一个人的视野,更为重要的是地理专业野外

考察很丰富,能够使人养成良好的生活习惯,锻炼出坚韧的意志力和富有新意的创造力。现在想想,当初的选择还真是没有错。

> 有很明确的理想,又意识到了自己的不足,还给自己找到了方法,那为什么不尝试呢?

大学毕业后,我被分配到北京第一师范学校任教,当时教的课程是"小学自然教学法"。每天给学生们传授知识,晚上一直备课到深夜,虽然每天的工作单调而又繁重,但我打心眼儿里热爱这份工作,因为这是我最初的梦想。三年后,我成为旅游管理专业的高级讲师,这一干就是几十年。那些年在学校的教学经历让我对教学、教育有了比较生动的认识和切身的体会,虽然辛苦,但我更加明确了,我这一生的事业就是尽力做好青少年的教育工作!有了这个目标以后,我越发觉得自己在知识上、教育方式上有很大的欠缺,我知道唯有重回校园才有弥补这些不足的可能,所以我有了放弃工作重新读研的想法。当时身边有很多人不理解我,甚至有很多人劝告过我不要一时冲动。坦白说,当时我心里也是担心的,但考虑到我有很明确的理想,又意识到了自己的不足,还给自己找到了方法,那为什么不尝试呢?

## 旅游让教育更有趣

我想我是幸运的,居然顺利考上了东北财经大学旅游管理专业的研究生。那时,我除了是个“大龄学生”,还是个妈妈,再加上我之前的教学经历,理所当然地,我继续和“教育”有着千丝万缕的“纠葛”。那时候在学校的专业是“旅游管理”,所以平时一有时间就会带着孩子到处跑、到处旅游、到处看。我想,在儿子童年时带他去游学,这样既教给孩子知识又丰富孩子的阅历,培养儿子良好的生活品格。我惊喜地发现,旅游可以让教育成为一件非常有趣与活泼的事情。带着这样的想法,我把我的硕士毕业论文的研究主题定为了“亲子旅游”。

为了给自己的毕业论文提供可信的依据和实例,我在网络上发起了亲子旅游的倡议,测试网友们对亲子旅游活动的反响。我认真设计了两个亲子旅游项目,一个叫“徒步穿越十里长街——中华神州第一街”,另一个叫“种瓜得瓜——瓜苗定植、授粉、贴字、摘瓜”。这两个项目在新浪网公开发布后,获得了众多网友的支持,粉丝猛增,让原本只为论文准备的亲子旅游项目无法停下来。最后,我的硕士毕业论文获得了非常不错的成绩,但这并没有结束,因为之前响应亲子旅游项目的人们的热情依然丝毫不减,为了不让家长和孩子们失望,我决定把它继续坚持下去。

中国发展很快,每天都在发生着新的变化,人们的经济收入不断增加,物质财富极大丰富,精神需求日益多元化,旅游业也在不断兴起。中国的旅游业起步晚,但是伴随着改革开放的步伐,中国的旅游业在突飞猛进,特别是互联网的普及,使得人们对旅游信息的获取更加方便,出去旅游的人越来越多。旅游业作为一项新兴产业,发展前景广阔、经济收益可观。由于国内旅游业起步晚,许多市场板块都尚处于市场竞争不足甚至发展空白的状态,在这期间,亲子旅游等多种新兴业态也在不断兴起。而我有着本科的师范教育经历、之后的教育生涯经验以及研究生阶段旅游专业知识的储备，当时又有了很好的平台和支持，所以我觉得那时选择做亲子旅游是再合适不过的。

## “小脚丫”的诞生和成长

刚开始，我是以学校社团的运作方式来设计新的亲子旅游活动的，我给社团取了个名字，叫作“小脚丫走天下”，寓意为孩子们在行走、旅游的过程中获得成长。社团将亲子游学作为产品和服务的主题，通过旅游和社会实践的方式在旅游活动中教育幼龄儿童和青少年，同时也增进孩子与家长之间的感情。这样的运作方式有了非常好的市场反应，市场需求越来越大，这就更加坚定了我把亲子旅游项目做下去的想法。

以学校社团的方式运作了一段时间之后，我发现，这种运作方式远远满足不了广泛激增的社会需求，参加过我组织的亲子旅游的人们口口相传，我和我的品牌逐渐成为业界口碑很好的专业行家和亲子旅游精品项目。这时，我觉得“小脚丫”品牌已经具备从学校社团走向社会商业运作、从业余旅游服务走向提供优质有偿服务的专业团队的条件和实力，就这样，我决定把亲子旅游作为自己一生追求的事业，我决定创业！因为我觉得只有创业才能打造专业的亲子旅游品牌，占领有利的市场地位，从而更好地将自己在生活和学习中的所感所想付诸实践。

“小脚丫”刚诞生不久，就遇到了棘手的问题，2005 年亲子游学项目还非常少，客人对产品的需求量大，工作人员数量少，产品更新慢，会员不满足。新浪亲子旅游论坛的网友会员们大多是铁杆粉，他们参加完一个活动，就开始追下一个活动，常常是刚发出活动招募书，就迅速报满。那时，会员们常常不断打电话，询问几点发招募贴，得知是晚上发，就等在电脑旁。紧张的加班后，凌晨 2 点才发上去的招募贴，瞬间就报满了。能想象当时妈妈们都是深夜守在电脑旁，焦急地等待秒杀“小脚丫”的活动。没有报上名的妈妈们,第二天就打来电话,一通抱怨,让我们在内疚中继续工作。

“小脚丫”运行得比较稳定、成熟之后,新的问题又产生了。随着素质教育的社会化认同,教委对素质教育的支持力度加大,各种资本也开始注入教育版块,游学市场开始风起云涌。各类会员需求不断升级,“小脚丫”陷入低谷期,产品不能完全对路了,会员报名不踊跃,会员人数严重下滑,企业的生存危机出现了,这时我真的有考虑过放弃。可是面对热爱的事业,放弃比硬着头皮去坚持更难……

一个优秀的创业者应当具备良好的心理素质,能够正确对待创业路上的成功与失败,同时应该具有诚信、坚韧、百折不挠的良好品质和广博的胸怀与强烈的社会责任感,只有具备这些才能使一个创业者在市场竞争中占有一席之地。

但是这些谈不上是创业中的困难,而是常规工作中每天都需要解决的问题。如果说创业中有什么困难的话,从优质的校园项目转化为既有社会意义又有商业价值的规模化的市场行为算得上是一个挑战,特别是对我们所谓学院派的创业者的一个挑战,我们正在通过资源引入途径,解决这个问题,因为只有让项目社会化,对青少年素质教育有更大的贡献,产生的社会意义更大,才是“小脚丫”这个创业项目的成功时刻,所以从某种意义上讲,“小脚丫”项目并没有成功,首师人仍然奔跑在教育的路上。

值得欣喜的是,经过十多年的打拼和积累,目前“小脚丫走天下”已在业界内树立起很高的声望。现在,我们还将小脚丫亲子游俱乐部升级为“生涯助力学校”——以青少年生涯发展为导向,游学、研学旅行助成长。我希望能把“小脚丫走天下”发展为中国最专业的青少年生涯发展导向的游学与研学旅行品牌,成为北京中小学最信赖的研学旅行供应商。同时,我也希望它能成长为中国最专业的以少儿心灵教育与亲子关系优化为核心的游学教育品牌、北京乃至中国家庭最信赖的亲子游学服务机构。这并不是容易的事。可是我认为,实现自己的创业目标一定是躲不开艰辛的,但是没有解决不了的问题,全在于你是否选择坚持,只要坚持,就有未来在等待着你。我的信念就是,出现什么问题,就解决什么问题,项目总是螺旋式上升发展的,只是发展速度的快慢问题。慢不要紧,只要能前行,就比停滞强。

虽然“小脚丫”在市场收获了不错的口碑，也运营得非常顺利，但我依然坚持着“小脚丫”创办之初学校社团的带动作用。依托“小脚丫”品牌，结合当前首都师范大学资源环境与旅游学院的专业特色，我坚持把“小脚丫走天下”的社团延续下来，这样做是为了更好地服务学生，为更多的学生提供锻炼和实践的平台。社团通过招募策划人员、小记者的方式吸引着众多的大学生参与其中。在这里，学生们拥有一个很好的实践平台，他们能通过策划、组织和亲自参与“小脚丫”活动来锻炼自己的社会实践能力，不断提高自身综合素质。生活馈赠给我的机会，我应该和我的小师弟、小师妹们分享。

## 采访手记

采访孙志英老师，就像和一位老友叙旧，更像和一位朋友分享。孙老师的一举一动、一言一语间都流露着对教育无限的热爱、对青年人极大的热情。她怀有满腔的教育情怀，同时又有着灵活的头脑和敏锐的市场洞察力，更重要的是，她有着坚韧的精神和乐观的态度。在她身上，我们看不到商人的浮躁，看到的是为了自己的教育理想几十年如一日的踏实付出和认真负责的态度。

同时，孙老师对我们青年大学生的鼓励也像一股清流沁人心脾，在这个满世界充满理想的年代，我们又一次笃定了对理想的坚持，也深深明白了为理想付出的重要和可贵，理解了无论在生活和学习上遇到了什么磨难与阻碍，这都将是人生赐予我们的礼物，一定会在未来某个选择的岔路口上为我们指引方向。我们相信，无论以后我们走上创业的道路与否，我们都会像孙老师一样将自己的理想坚持到底！

**采 访 人**：李德云　资源环境与旅游学院 2011 级
　　　　　刘梦思　资源环境与旅游学院 2014 级
**指导老师**：李诗朦　张　璐

# 刘刚：球场上奔跑的董事长

“这一生可以后悔做过什么事，但不能后悔没做过什么事。”

人的一生中总要有些真心的投入、奋斗的热情以及创新的勇气，去做自己想做的事，发掘更多的可能，推开那一扇门，你会看到一个更广阔的世界。

敢于尝试、不畏挑战、精诚于业、永不言弃。这几乎是所有创业者共同的特质。每一个敢于创业的人都是人生的开拓者和勇士，他们不安于现状，敢于突破，并在前进的路上不断充实自己、发掘潜能，实现着人生价值。

而我今天要说的这位创业者，他叫刘刚，现任云南国际信托有限公司董事长。1990 年毕业于北京师范学院生物系，留校任教 3 年并取得硕士学位后，他却放弃了大学教师的“铁饭碗”，选择“下海”去寻找人生更多的可能。在改革开放初期，对于“下海”经商这样的事，大多数人是不看好的，更何况是高学历的大学教师放弃稳定的工作，转而去选择一条充满未知和风险的道路。是怎样的经历让刘刚做出这样的选择呢？让我们一起来聆听他的故事吧。

## 我最终做出了选择

> 少一点犹豫，多一点勇气，迈出了那一步，人生的格局就会不一样。

面对许多人的不解和惋惜，我最终坚定地做出了选择。选择的原因是多方面的，首先我个性活泼，不喜欢因循守旧地去做一件事。在我看来，人生一定要勇于尝试，即使最终真的失败了，也会从过程中得到总结和提升。

我认为人生最重要的是沿途的风景、追求梦想的过程,这才是最享受、最受益,也是年老回味自己一生时觉得最充实无愧的。人生最担心的就是一个“怕”字,心中的胆怯会阻碍前进的脚步,很多时候,少一点犹豫,多一点勇气,迈出了那一步,人生的格局就会不一样。

创业,意味着没有固定工资,没有寒暑假,成败也是未知。所以当时在我决定“下海”时,首先是坚定的信念与无谓成败的态度给了我勇气。其次,作为留校的大学教师,虽然工作稳定,但工资毕竟不是很多,我便萌生了自己去闯一番事业的想法。第三是社会氛围,当时中国处于改革开放大潮涌动的时期,在政策支持下,“下海”的一些条件也具备了。当时,我家住在中关村附近,作为改革开放的“前沿阵地”,中关村聚集了中国各个大学里比较有想法的年轻人,他们放眼世界,把国外的一些先进技术和理念引进中国。那里的第一家公司叫作华夏硅谷公司,刚从学校出来的我便先在那里做了一名小职员,得到了新的提升和历练,为以后的创业之路打下了基础。第四就是他人的支持。那时对于我走出学校自己创业的想法,父母以及身边的亲戚朋友几乎都是持反对态度的。唯一支持我的是当时生物系的系主任赵维平老师,他也是我的导师。赵老师认为我正值而立之年,除了做学校的工作外还有很大余力。

导师说的话我至今记忆犹新:“你从现在起按部就班地做老师,干一辈子,最多也就只能到我这样。但是你要是‘下海’去做你想做的事,去接触新的行业、新的领域、新的模式,那么你的未来一定会与众不同的。”

正如赵老师所说,创业意味着一切都是新的,都是从前我们未曾接触过的东西,这些新事物可能跟我们以前涉及的专业领域完全不一样,这就需要我们有所取舍,取舍之间终归会有些失落,这也是现如今很多大学生不敢去创业的重要原因之一。迈出这一步可能意味着放下之前学习了四年甚至七年的“本行”,在面对新事物时,人终究会有些许畏惧和担忧。然而,当我面对生物和经济这两个几乎没有任何联系的领域时,我没有因为自己学了七年的东西就这么荒废而悔恨,也并没有觉得不甘心。

我清楚地知道,自己在学校里学习的是一种能力,而不是单一领域的知识。对于一门知识,每个人都不可能做到那么精准,并不是说学生物的人出来就一定要做生物,在我认识的很多人中,绝大多数人专业和工作都不是完全对口的。我认为学习应该掌握的是学的方法,这样再接触新的事物时才能做到游刃有余。对于这方面,我比较欣赏国外的一部分学校培养学生的方式,他们的教育更注重学生能力的培养,而不是单方面学科成绩的提高。他们会着重培养学生的四种能力,第一是想象力,第二是洞察力,第三是表达能力,最后才是记忆力。在我看来,在学校期间锻炼自己的综合能力很重要,比如参加与不同学科相关的活动,增加对各方面知识的了解。如果我进入社会,我手里有一个万能的“工具刀”,这样属于我的机会就会很多,但如果我手里只是“螺丝刀”,我的知识越精专,我生存的空间就会越小。

## 商场如球场

做人贵在从容自在，与人和，对待他人不忘一颗善意与恻隐之心；与己和，做好自己，走好自己的每一步，便能宠辱不惊、快意安然。

我热爱运动，如今依然兼任清华大学足球队队长，每个星期都会在工作之余踢四场足球赛。像所有热爱足球的人一样，我钟情于赛场上酣畅淋漓的奔跑和争夺，每一次的全力以赴，都是对自己和对手最大的尊重。运动不仅仅是身体上的锻炼，其中往往还蕴含着许多哲理。于对手而言，是竞争，如何运筹帷幄，如何排兵布阵都是智慧；于队友而言，是合作，我十分注重团队的重要性，不论作为队长还是董事长，我都注重凝聚自己的团队，这样才能带领着我的团队赢得一场场胜利。

有为有不为，知足知不足，才能在为人处世上游刃有余。正如球场上的“对弈”，巧妙地运用球技、配合和策略，在必要时把球传给队友；不逞一时之快也是重要的。要锐气藏于胸，和气浮于面，才气见于世，义气施与人。

做人贵在从容自在，与人和，对待他人不忘一颗善意与恻隐之心；与己和，做好自己，走好自己的每一步，便能宠辱不惊、快意安然。做人做事都要有这样的胸怀，不仅要做事，还要帮助他人。就像有人所说：做人要有四样东西，扬在脸上的自信、长在心底的善良、融进血里的骨气、刻进生命里的坚强。这样做人会觉得每一天都很充实。

## 寄语青年创业者

如今有很多“创业成功案例”可供想要创业的年轻人参考。在我看来，这是共性和个性的问题，年轻人要学会筛选对自己有利的部分，为自己所用，成功的人一定具有很多好的习惯，但如果照抄照搬肯定不行。对于一件事，一些人会觉得很累，但有的人可能乐在其中。就算一个人通过效仿别人能做到极致，外人也只会觉得很像，但却没有自己的特点。所以个性对于一个创业者来说是十分重要的。与此同时，共性也很重要，优秀的人第一点是要品行好，也就是要做好人。

在中国的商界，你可以靠着聪明成功一时，但如果品行不好一定成功不了一世。在做生意的过程中，其实就是与社会上各种人排列组合的过程，你应该知道坐在你对面的那个人和你是平等的，所以要始终怀着一颗敬畏的心对待周边的人。品行品德在这个社会上比财富更持久。还有良好的心态、风趣幽默、礼貌守时、肯定自己、能耐得住寂寞。最后就是要终身学习。

很多时候人都需要整理，你可能会在一个平台上停留很长时间，你今天所努力学的一切都是为明天上台阶做准备。对于个性，与从事的职业以及当时的社会背景都有很大关系。

我喜欢总结，认真充实地走好人生中的每一步。年轻的时候做事要取其丰，只要这件事做成了那就是成功的；人到中年做事要取其实，不仅要有收益还要看到收益的对立面；年老时要取其精，在即将离去的时候应该汲取最精华的地方。

我善于学习和接受新生事物，坚持终身学习，每天都会关注新闻和社会热点。沉浸在成就中的都是过去的自己，只有不断学习，才能认识新的自己。欲流之远者，必浚其泉源。不断给自己“充电”，才能有推动我们不断前进的源头活水，才能走得更远更长久。不仅这样，我还鼓励身边的人多多关注新的事物，在一个几百人的校友群中，我坚持每天发一条当日的新闻，已经有很多年了。

此外，我希望自己的经验能给学弟学妹们一些建议和启发。现在年轻人创业的有很多，想法也五花八门，但我觉得想要创业一定要做好准备。从上大学开始，要努力学习身边人的优点，带着解决问题的态度去记忆是最有效的。每天一定要总结，要有收获，知道哪些地方可以做得更好。对于正能量的事，一定要多去尝试，不要怕失败，积累经验非常重要，不要等到自己老的时候有太多后悔。年轻人不要怕失败，我们有很多的时间和精力，去尝试其实就是在做排除法，这些经历能尽量帮助你规避风险。

## 采访手记

不惑之年的他真正做到了不惑，他经营着自己的事业，奉献着自己的热情，依然充满活力地在球场上奔跑，了解新的事物，拥有自己的人生思考，历练出过人的才气和成熟的心智。一边是商场上的博弈，一边是球场上的酣畅，刘刚学长的生活快意而又尽致，一如他始终洋溢在脸上的笑容，自信而成熟。一路走来，无数的风雨和不易、成功与感动，都已成了人生的诗，书写在昨日飘落的叶片上，而他，却从未停下脚步，翻过高山，穿过雨林，依然前行。

四时相易，万物则生。每一个生物专业的学生都对自然中的一切怀着崇高的敬畏和信仰。当这种本真的谦逊与求索之心融入创业之中，创业者，更像是一位行者，心中是对远方的向往，脚下是自己走出的路，从未放弃，从不停歇。

**采 访 人：**崔梦琦　生命科学学院2013级
焦　萌　生命科学学院2013级
**指导老师：**王　洵

# 陈宇锋:二十三年,从教师到 CEO

陈宇锋,1992 年毕业于首都师范大学外国语学院英文系,现任美洲集团副总裁。当年那个校园乐队里打鼓的热血青年,在 23 年后的今天已迈入成熟稳重的不惑之年。他所创办的美洲集团美之旅也走过了 11 个年头,成为一家在全国拥有 18 个分公司的多品牌、多产品的综合性旅游产业集团,资产过亿。那么,究竟是哪些因素铸就了陈宇锋的成功创业?正在创业路上的陈宇锋对大学生创业又有何见解?带着这份好奇,我们邀请了美洲集团副总裁陈宇锋先生重返首都师范大学,从母校的故事开始,揭开他的个人成长经历,挖掘他最真实的创业故事,分享他的创业见闻。

## 教师经历蓄力量

故事很长，你们看到的不过短短几千字，而我要说的却是27年。27年前，我有幸被保送到了首都师范大学外国语学院（原北京联合大学外国语学院）英文系。同你们一样，我是个刚刚踏进大学校门的"小鲜肉"，对于未来也没有十分明确的想法，凭着一腔热情参加各种社团、学生会的工作，大学期间担任学生会副主席一职。回忆起在白堆子求学的时光，最感到自豪的还是自己的社会工作能力。说句不谦虚的话，在各位师兄弟姐妹中，我绝对算得上佼佼者。

> 在学校里认识的同事、家长、学生，这形形色色的人，说不定哪天就是你的贵人。

大学毕业后，按照当时的政策要求，我从事了教师岗位，被分配到裕中中学。我那时候比学生们也就大了不到十岁，但是"初生牛犊不怕虎"，我就是要当班主任，最多的时候教六个班的英语。在学生会的那点工作经历这时候就派上了用场，六个班的孩子，加起来得有二三百人，我都能叫出名字，说出他们的性格特点，现在都跟他们成了朋友。那会儿和家长们也处得很好，每次他们见着我都会问："陈老师，我们家孩子最近表现怎么样？""陈老师，您快说说我家孩子情况！"即使到现在，我都依然会跟他们联系。我认为，这就是一种积淀，在学校里认识的同事、家长、学生，这形形色色的人，说不定哪天就是你的贵人，我的人脉就是在那时候积累下来的。在这个过程中，我不仅学会了如何与各式各样的人打交道，同时也清楚了自己将来的方向——不能做一辈子的教书匠。

## 开拓北欧留学市场

一年半以后，我离开了教师岗位。机缘巧合之下，进入了北京丹侬集团物业发展公司,主要经营房地产开发。丹依集团在 20 世纪 90 年代是赫赫有名的大企业,放到现在应该是五百强之列了。那时我的工作内容主要是负责日常经营,包括咖啡厅、餐馆、酒楼、写字楼等;另外,我还扮演一个重要的角色——迎来送往,包括集团董事会领导出访、其他私营企业来集团学习交流等,这些日程安排均由我来负责。我那时候就想,既然有这个天时地利人和的机会,为何不办一家自己的酒店?于是丹依集团旗下的一家酒楼就成了我的第一家实体企业。

然而 1997 年,一场金融风暴让丹依集团所有资产全部化为乌有,这其中就包括我的酒楼。我当时看着这家偌大的企业一夜之间破产,面临着两个抉择:要么自己创业当老板,要么继续投奔另一家公司给人干活。我骨子里的那股倔强劲儿让我下定决心:30 岁之后,绝对不给别人打工。可是自己又能做什么呢?面对不可知的未来,我进行了仔细的考量:在丹依集团时的迎来送往,负责国内外的各项交流,同时我又是学外语的,那我何不做国际间的交流工作呢?而且在酒楼的经营过程中,自己也积累到了丰富的人脉资源,做旅游就最合适了。于是一拍脑袋,就这么说干就干了。

1999 年,旅游市场纷繁复杂,异常火爆,我把目光锁定在了北欧市场。为什么偏偏选北欧呢?因为当时中国国内的旅游业已初具规模,国中青等企业也运营得相当成熟,但是纵观整个国内旅游市场,主要还是东南亚的国家居多。所以,我就另辟蹊径选择了北欧,业务主要是旅游和留学,这在当时可算是“第一人”。那时的留学中介才处于萌芽状态,个人的力量毕竟太小,于是我就将旅行社挂在四达留学北欧部旗下。一间小房、一部传真电话,就这样,我开始了旅行社的运作。我至今还清楚地记得自己做的第一条广告,在京华时报的中缝,豆腐块儿大小的一栏,花了三百块钱。但是要创造真正的口碑还是得凭我的一张嘴,我每天都要滔滔不绝地向学生们介绍北欧的留学情况,在保证不忽悠的情况下,将我们的产品讲到“天花乱坠”。此外,还要读懂客户的心理,了解客户的需求,这其实不是件容易的事儿。有人问我诀窍是什么,我说:“当你们在休息时,我还趴在电脑前搜索北欧各大高校的情况,保证掌握最全面、最及时的信息。”这都是实话,每一份收

获都需要辛勤耕耘。不过时机也很重要，当时的中国对国外了解不多，而我就是抓住了这一商机，赚取这其中的信息费。

功夫不负有心人，旅行社终于一步步走上了正轨。第一年我只接待了 10 个客户，第二年则是 20 个，到了第三年，我接到了 68 位学生的留学中介申请，这在当时是一个多大的数字！那时候，我已经做完了所有的工作，中介费已经入账，剩下的就是学生们去国外入学了，但就在这最后一刻，“非典”暴发了，我完全措手不及。68 位学生的出国计划全都取消了，我就一一登门跟家长和孩子道歉，退还所有的费用。其实，我要是不退还这笔钱或是携款走人也是完全可以做到的，但是我始终坚信，“诚”是商人的立足之本，我要真是这么做了，我陈宇锋以后的人生也就这样了，谁还会再相信我、和我打交道？这一次，做人虽是成功了，但是做事却是败得一塌糊涂。经历了这一波折，旅行社元气大伤，一切美好蓝图都化成了泡影。我坐在旅行社门口，脑海里反复浮现的就是那句歌词：“看成败，人生豪迈，只不过是从头再来……”

我始终坚信，“诚”是商人的立足之本。

# 美洲集团铸辉煌

我虽遭受重创,却仍然不甘心进入外企、国企去“给别人打一辈子工”,我想:就算是给人打工,也要找一个跟我志趣相投的人。于是,我抱着侥幸的心理开始广发简历,希望可以借此找到和自己谈得来的人。想不到,没过几天晚上就接到了电话。对方的声音听起来文质彬彬:“请问是陈宇锋先生吗?我这里是美洲集团中国代表处。”我一听,立马眼前一亮,因为在当时能与美国有联系的公司总是非富即贵,于是我就带着好奇心去参加面试了。

我照着地址找到了公司,但是出现在我眼前的却是一栋商住两用楼。我心想:这是什么地儿啊?怎么不是写字楼呀?当时的美洲集团处在北京的四环外,位置偏僻,远不抵今天的繁荣。不过既然来都来了,好歹还是上去和人见一面再走,就这样,我硬着头皮上了楼。上楼后,我发现公司更是简陋到只有两间办公室。这也叫集团?我之前办的旅行社都比这强啊。我当下就打退堂鼓了,没想到迎面就走来一个戴着眼镜、斯斯文文的男人,很客气,就把我带进了他的办公室。

本打算简单地寒暄几句就离开,没想到的是,两个人这一聊竟然聊了四个小时,老板给我讲美国的各种情况,我告诉老板北欧是个什么样子。说来也巧,他以前是干外事工作的,而我父亲也是从事外事工作,两人都觉得相见恨晚,颇有些英雄惜英雄的味道。这次谈话让我的世界豁然开朗,美洲集团为我打开了一扇新的大门。最终,我俩确定了一致的方向和理念——要将旅游文化提高到国际交流的层面。

当时,两人的启动资金仅 3300 元人民币,整个团队仅 13 人,但是我始终相信一句话,那就是“大不一定强,但是不大一定不强”,想要把企业做好,就一定要将企业做大。“万丈高楼平地起”,这个宏

“大不一定强,但是不大一定不强”,想要把企业做好,就一定要将企业做大。

伟蓝图具体落实到行动上又该如何布局呢？我们制订了美洲集团的“三年计划”，用每一个三年去实现一个飞跃，达到自己预估的目标。在第一个三年里，公司逐步实现了北京、上海、广州、沈阳、成都五个代表处的布局，业务上主要是负责中国公民赴美进行各项活动，接团量在三年里由七八十个扩展到三百多，公司人员也增加到七八十人。第二个三年，美洲集团以这五个代表处为中心，在其周边布局，拓展业务，逐渐在杭州、长沙等地建立起了自己的“基地”。一直到今天，美洲集团基本实现了在全国各省会城市建立分公司的目标。下一步，公司计划在哈尔滨、合肥、太原等地建立起分公司。

如果要为出入境服务画一个金字塔，那么塔尖就是“国际经济文化交流”，再往下细分则是旅游、留学、移民、劳务输出、海外教育培训等，而这些细类都是国家特许经营项目，代表处是没有经营资质的。美洲集团要经营的业务则主要是国际文化交流，即包括了旅游、留学等出入境服务。因此，要想在国内落地生根，就要有自己的品牌，要取得经营权。我就跟我的“小老板”说，一定要把这些资质一一攻下。于是我们把旅行社、因私出入境中介资质都收入囊中，但是在这个过程中我们还是出现了判断失误，错失商机，因而没能拿下留学中介的经营许可。为此，美洲集团自己创办了外语培训机构来弥补这一方面的损失，同时也在等待着时机成熟取得留学中介的特许经营权。

2004 年，我创立了美之旅品牌，并打出口号“去美国，就找美之旅”。2007 年和 2008 年，旅游市场十分火爆，美之旅在这个黄金时期创造了每年接待 2800 个团的骄人成绩，相当于每年为 35000 人提供出入境服务。2008 年国际金融危机之后，出入境行业利润大幅缩减，我每次都跟人开玩笑说自己是“冒着卖白粉的风险，赚着卖白菜的钱”。应对金融危机，为了不重蹈丹依集团的覆辙，我们选择了转型，必须多品牌、多产品化，必须保证“东方不亮西方亮”。这也是为什么大多数企业倒下了，而我们顽强存活下来的原因。

凭着对商机的敏锐直觉、高瞻远瞩的战略目光以及细致的规划部署，两个有着坚定目标的青年人用 11 年的时间将美洲集团发展成了如今跨旅游、培训、游学、因私出入境等多行业的大型出入境服务公司,其业务也由对美交流拓展到加拿大、澳洲、欧洲等地,成了业内的"天字第一号"。

## 创业者应具备的素质

胜败乃兵家常事,就算此刻输得一塌糊涂,下一刻依然可以卷土重来,坚持到最后才能真正"笑傲江湖"。

回顾自己的整个创业经历,成功或失败大家都无法复制,但是我确实有些心得体会要与各位师弟师妹们分享。当代大学生不乏创业的激情与智慧,然而能坚持到最后的总是少之又少,我想这其中很大一部分原因就是大家在遇到瓶颈或经历失败时缺少克服困难的勇气,一旦自己的努力付诸东流,就很难有东山再起的决心。胜败乃兵家常事,就算此刻输得一塌糊涂,下一刻依然可以卷土重来,坚持到最后才能真正"笑傲江湖"。

至于创业者应当具备的素质,我认为性格是很重要的因素。创业者应该懂得最基本的与人相处之道,在商场上要做到能屈能伸,能识时务、观大局。一个好的点子往往可以成为创业的开端,但是要把这个点子融入市场运作并获得利润,这其中离不开创业者对商机的把握、对市场的了解,以及其他各方面的周旋和控制能力。但仅仅做到这些只能说是一个成功的商人,作为企业家更应该具备优秀的道德品质。关于这一点,可以用"诚、信、智、勇"四个字来作为评判准则。

作为公司的高管,我也会参与到面试工作中去,和应届毕业生们面对面地交流。我发现大多数大学生在走出象牙塔之后还不能完全熟悉公司业务,需要经过一段时间的培训才能投入到工作中去。因此,我建议各位师弟师妹们要"内练一口气,外练筋骨皮"。"内练一口气"就是指的专业知识的学习,对于外语学院的学生来说尤为重要的是对于语言的掌握,要达到使用外语来工作的要求;"外练筋骨皮"则主要是指专业外的社会能力,即待人接物、言谈举止、领导力、感召力等多方面的素质。只有将两者结合起来,才能创造出属于个人的气场。学校的人才培养也应以此为着力点,在对学生进行专业教育的同时,也应当建立各种平台系统地培养学生的综合能力,实现学生从校园到职场的良好对接。

最后,我将自己的座右铭与各位师弟师妹分享:

以信结缘,以勤求源,以通为本,以本为利,以众为友,以智取胜。

## 采访手记

原本一个小时的访谈,最后持续了两个小时。这两个小时的采访过程中,陈师兄给我的感觉首先是和蔼可亲。他像是一位朋友,跟你述说他的故事,更像一位慈祥的师长,教给你如何为人处事。其次就是宠辱不惊的态度。无论是谈论失败还是成功,他都不过是付之一笑,仿佛这一切都只是风轻云淡。与我一起参与采访工作的还有另外两名同学,采访结束后,其中一名同学感慨道:"军属大院出来的孩子身上都有种特殊的气场,在这位师兄身上就能感受到。"我想她所说的气场应该就是那种"古今多少事,都付笑谈中"的大将之风吧。我始终相信,一个可以笑看风雨的人,老天总不会太亏待他。

**采 访 人:**刘 静 外国语学院法语系 2012 级

**指导老师:**刘 营 曾 达

# 王惠杰:拒绝平凡,超越自己

王惠杰,北京市青年委员、政协延庆区常委、民盟延庆区主任委员。1992年毕业于首都师范大学音乐教育专业,2013年被国家选派到国家开发银行任挂职干部(任期至2015年12月底),2015年10月15日在北京市议政会上为政府事业建言献策,提出《关于加快建设北京市棚户区改造融资工作建议》,得到了市委的高度重视。

目前,他的公益捐款数目已达300万元,他希望尽自己的绵薄之力,让需要帮助的人,感受到来自社会的温暖和爱心;通过YBC组织,他帮扶了三个创业青年,也乐于将自己的创业经验与更多的人分享,帮助他们更好地走向成功。

## 社团活动锻炼能力

我是1990年考入首都师范大学的。那时上大学的目的很简单:转出自己的农村户口。因为喜欢音乐,于是来到音乐学院系统地学习音乐知识。

还记得小时候,母亲天天给我唱《小白菜》,那是我最早接触的音乐;山里面的文化气息相对闭塞,这使得我在艺术方面的天赋相对于那些在文化氛围熏陶下的城市同学们来说,差距很大。就比如学琴,我是从中学才开始的,而我的大学同窗,家里父母很多都是从事音乐这一行业的,他们从五六岁就开始学琴,在专业方面自然更具优势。

当迈入大学校门的那一刻,我们也上升到了一个新的平台。在这个崭

新的平台上，我们接触到了许多以前从没见识过的新鲜事物。大学不只是知识的学习，随之而来的是丰富多彩的社团、学生会活动。在这里，不仅可以提高专业的知识水平，涉猎艺术方面的领域，还可以有更多的发展。所以，我加入了学生会，从普通的一名干事做起，一年后升为中层。在担任校文艺部部长期间，曾多次组织开展校文艺活动，得到团委老师的一致好评。

不同形式的大学生活，不仅增长了我的阅历，锻炼了我的社会工作能力，更重要的是，这对于我日后的创业，也大有裨益。

## 初出茅庐脚踏实地

随着年级的升高，我越来越觉察出来自毕业的压力，我开始思考今后如何在偌大的北京城谋生。在 20 世纪 80 年代末期，房地产作为新兴产业刚刚起步，是一个好机会。因为对于这样一个新兴行业，即使我从头学起，和专业人士相比，也不会相差太远。

当时的课余时光,我还在延庆教书。于是,利用教课的空闲,我开始专心致志地学习房地产经营、开发、营销这三个方面的理论知识。虽说是从零学起,但我相信没有学不会的知识,更没有做不到的事。

但是,通过书本,我只能学到理论知识。那么,那些实际操作的经验怎么办呢?思考良久,在掌握了一定的房地产基础理论后,我来到我实习的第一家公司——通产投资集团。

还记得当时的面试非常严格,前前后后经过了三个月,我终于取得了在正规房地产中心进行经验积累的机会。当时,还没有一所大学里有房地产这个专业,我只能自己努力钻研。平时,我也注意留心观察、看书看报、分析案例等,很快便从一名普通的员工做到了专案项目经理。

那时的望京还是一块平地,在那里做房地产项目,有种白手起家的感觉。后来,黄光裕创立的国美电器刚刚起步,在立足主业的基础上,将业务拓展到金融借贷、房地产等多个领域,机缘巧合之下,他将我"挖"到身边,让我全力协助做鹏润家园这个项目,当时,我主要负责营销、企划等工作。这个项目使得黄光裕赚取了他在房地产领域的第一桶金,而我也积累了宝贵的经验财富。

毕业后的第六个年头,我决定下海创业。

## 拒绝平凡的创业之路

在创业的过程中,艰辛和不易是必经之路。但是,我拒绝平凡!

> 在创业的过程中,艰辛和不易是必经之路。但是,我拒绝平凡!

拒绝平凡,这本就是一个创业者应有的韧劲。因为在我们不断拼搏的道路上,人生的试炼会主动找上门来,这试炼中也会伴随着苦难。当苦难破门而入之时,有的选择做一个平凡的人:"因为我是普通人,所以这些困难我没有办法解决是合乎常理的。"那么这些人的创业之路也就宣告失败了。有的却选择做一个不平凡的人:"我看似平凡,但我选择不平凡,苦难总会过去,困难总会解决！我要将我的热情投入到火热的事业中。”那么他的创业之路将会通往成功。而我,就是后者。

在这个世界上从来都不存在天上掉馅饼的事情,在当今的社会,竞争无处不在。那么在这激烈的无硝烟的战争中,需要的是一种奋斗精神,不断地去超越自我。

在创业期间,我尝试过建筑工程、园林工程等行业,也积攒了自己的财富。但是在资产日渐增长的同时,我渐渐意识到“一个人的成功不只是个人的富足,而是你能为社会做什么”。

在这个世界上,富裕的人不占少数,但是财富和精神双赢的富者却凤毛麟角。于是,我开始在社会上承担责任,我担任了北京市青年委员、政协延庆区常委、民盟延庆区主任委员等一系列职务。作为国家的合法公民,我有义务为政府事业建言献策。我曾在 2013 年被国家选派到国家开发银行任挂职干部(任期至 2015 年 12 月底),2015 年 10 月 15 日在北京市议政会上提出《关于加快建设北京市棚户区改造融资工作建议》,得到了市委的高度重视。

另外,我觉得还应将爱心奉献给公益事业,到目前为止,我的公益捐款数目已达 300 万元,我希望尽自己的绵薄之力,让需要帮助的人,感受到来自社会的温暖和爱心;通过 YBC 组织,我帮扶了三个创业青年,也乐于将自己的创业经验与更多的人分享,帮助他们更好地走向成功。

> 一个人的成功不只是个人的富足,而是你能为社会做什么。

## 采访手记

踩过荆棘,才能踏入花园;经历过风雨,才能见彩虹。任何事情的成功,都是在背后经历艰辛、付出千万倍的努力后得到的。在采访的最后,王惠杰学长给了我们坚定的四个字:“拒绝平凡!”我们平常总是会说,我们要学做一个平凡低调的人,但是今天我们却在平凡之前听到了“拒绝”二字。

王惠杰学长从一个默默无闻的工作人员成长至今,正是因为拒绝平凡,勇于创造不平凡的人生,才拥有现如今令人羡慕的成就。这条创业之路来之不易,在我们的眼里,这样的富足就已经是成功,可他却认为真正的富足在于我们为这个社会做了些什么。是的,平凡的人想要拒绝平凡,超越自我,需要的不仅仅是奋斗拼搏的精神,更是心怀祖国、情系社会的感恩之心,赠人玫瑰,手留余香,愿如今纷繁的世界里,这份爱永驻心间。

**采 访 人**:张贝妤　音乐学院师范班 2012 级
　　　　　刘心怡　音乐学院师范班 2013 级
**指导老师**:陈玉平

# 江川:不从众方能出众

“奇葩才会赢,不从众方能出众。”任何公司能在商海中生存和发展,核心竞争力就是不断创新的能力。创新就是不走寻常路,就是不按别人的思路发展,而这种思维恰好是“奇葩”所擅长的。江川,1995 年毕业于首都师范大学数学科学学院数学与应用数学(师范)专业,他就是这样一个拥有“60 后阅历,70 后年纪,80 后相貌,90 后心态”的“奇葩”。也就是因为江川的“奇葩”,一个主要经营会展服务和公关活动策划执行的公司——北京亿德整合营销机构于 2000 年成立,目前在北京、上海两地设有办事机构,人员规模大约 50 人,服务于大型国企、外企和私企。

让我们一起来倾听属于江川师兄的那份创业激情与甘苦。

## “不务正业”的教师

我的高考志愿是首都师范大学物理系,却被调剂到了数学专业。尽管与梦想背道而驰,我却没有消沉与放弃,并在首都师范大学这个宽松与包容的舞台上开始了自己多彩的人生。在校期间,我曾参加过北京市国标舞比赛获得季军,为校争光;作为校学生会副主席和文艺部部长,我策划和导演了三届“校歌赛”;国庆天安门广场集体舞,我担任总教练……大学生活丰富多彩,除了学好专业知识,更要拥有自己与众不同的特长,这才是未来持久而全面的竞争力。

当时的我是数学系的“另类”。虽然数学选择了我,但我却成为一名除了数学没学好,其他都学得不错的数学系学生。然而,数学给予我思维,音乐给予我创造。我能做到“数学系唱得最好的,音乐系跳得最好的,其他系数学最好的”,我就是赢家!

> “奇葩”重点在奇,奇是不消沉、不从众,不甘平庸;奇在有智慧、有才能,有创见;奇在打破常规、敢于超越,做不一样的焰火。

从外公、大舅、父母、姑姑、姑父、姐姐、表哥、表姐,到现在的侄儿、侄女、侄孙女,我们的家族五代中,出了三十多位教师;从幼儿园到大学都有他们教学的身影。冥冥之中,上天告诉我,我就是为教育而生的。毕业后,我也如愿以偿地到北京某中学任教,可由于某些原因不能从事数学教学,于是我就毛遂自荐,担任了音乐老师。从第一堂课“音乐是什么”到我一年半教师生涯结束,我的课受到了所有老师和学生的好评,获得了北京市评优课一等奖,并且凭借创意拿到几乎所有可以拿到的奖项:校先进工作者、教育教学论文一等奖、北京市音乐教育学会会员等。我以不一样的音乐课堂使很多学生爱上了音乐,并从事与音乐相关的工作。这一年半教师生涯中的每一堂课对我来说都是不一样的,因为在我看来,老师照本宣科是另一种意义上的失败。因此我选择了改变。

# 从教师到总经理助理

我要去的五同公司,原定春节后上班,因为一些原因,一拖再拖。我没事儿闲在家里,老妈非常担心,总问:“有戏没戏啊? 不是说好了的吗,会不会变卦啊?”

“变卦我就再找呗,这有什么?”我依然口是心非,面和心颤。

回想那时找工作,其实真没费太大劲。在学校工作很不开心,就在一个周日,打印了几份简历,抱着试试看的心态,到国展参加招聘会。我带了十份简历,只挑自认为最合适的公司投了五份,其中四份与文化教育产业有关,还有一份投的是外贸公司,就因为它在展板上明确写着月薪 3000 元招总裁助理。我当时心里一动,要是 3000 元的话,比原来学校里的特级教师工资挣得都多得多。强烈的欲望使得我热血沸腾,就投了一份。很幸运接到了面试通知,之后没隔几天,老板的秘书电话通知我被录用了。但由于我更钟情于教育产业,所以拒绝了这份月薪 3000 元的工作,要知道 1997 年的 3000 元,那是绝对的高薪。隔了一个月,那老板又亲自给我打了电话,充分肯定了我的面试表现,也表达了想录用我的诚意。不过那时我已在“五同”上班了,只能说抱歉。但是这次面试却让我永生难忘,锻炼了我的机智,增强了我的自信。

下海,从很大程度上来说确实是为了得到更多收入,但在关键性的选择面前,我却没有选择薪水最高的职业。那时我虽年轻懵懂,但知识分子家庭潜移默化的影响和心底里那份固有的坚持,使我非常清晰地认识到:钱固然重要,但理想却至高无上。我的理想,就是教育事业或做与教育相关的工作。

“五同”大概是我面试的第三家公司,他们招聘的也是总裁助理。我在决定离开学校的时候,也曾认真分析了自己,对自己有清晰的定位:到企业我就是一张白纸,一切清零,重新开始,从力所能及的抄抄写写开始,抓住一切机会学习一切有用的东西。助理的抄抄写写工作,对于拥有四年大学学生干部和中学一年半团干部经历的我来说,上手应该会很快。

1997 年 3 月,我正式加入五同公司,成为总裁办的一员,直接上级是总裁办的罗主任。这是我下海后的第一任老板,也是我亦师亦友的兄长。罗主任长我十岁,他是老外企,曾在日本丸红商社供职八年,也在日本生活多年,以一口流利的日语、严谨的做事风格及平易近人的工作态度,成为公司人人崇拜的偶像。

刚到企业工作,我像个白痴,连传真机都不会用。于老师手把手教我如何使用传真机、打印机、复印机这些办公设备。学会之后,收发传真的活就由我来负责。那时候,办公室里是没有电脑的,所有文件均需先手写,誊清后交给打字室的小郭统一打印。

除此之外,档案的分类、编码、管理等具体事务,我都是从罗主任手把手地教授中学会的,这为我日后从事销售、客户服务和企业管理等工作,打下了扎实的基础。

如果说小孩子的教育，父母是第一任老师的话，那么职场白领的入门与成熟，第一个老板起到了关键性的作用。我的今天，都源于罗主任昨天的培养，他是我职业生涯中的第一位恩人。

职场基本功，除了日常档案管理、文字处理之外，还有一些理念性的东西，比如听令“5W1H”原则、“正确地做事与做正确的事”原则等，营销 4P 理论、SWOT 分析等营销的基础理论，也是罗主任教给我的。那时候流行看屈云波的《派力营销思想库》丛书，每出一本，罗主任都会购买，然后连同其他材料给办公室同事们传阅，之后还组织大家分享交流。

20 世纪 90 年代流行一句话：“开车、电脑和英文是打开 21 世纪的三把金钥匙。”也就是说，这三种技能在 21 世纪的职场是必备的基本技能。今天，我们看到不单是职场，就连生活也离不开这三把金钥匙了。

总裁办新添了电脑，新电脑是 586，但当我打开电脑，却傻眼了。开机立现的是 Windows 3.2 系统，这和我在大学用的 286、386 的 DOS 系统全然不同，和我家里的联想 1+1 自带系统，也不一样。怎么办？为了摆脱每次都得请求小郭帮忙的境遇，我决定自学。

> 永不满足的个性、强烈的求知欲和求胜心使我预感到：不能停，我要飞。

花 30 元“巨资”，买了本电脑“傻瓜”书，是 Windows、Office 软件应用入门。那时候办公室就一台台式机还是大家公用，上班期间是没有时间学习的，只能利用周末。那时实行单休工作制，于是，在每周日休息时，我就准备上干面包、两根火腿肠，拿大可乐瓶子装满满一瓶凉白开，早上“潜入”办公室，直到晚上十点多离开。现在想起来，多亏我大学是学数学的，它真的锻炼了我的耐心、严谨和刻苦。大学老师每周只留三道题，但为这三道题你就要查遍参考书，反复练习，才能在下周回课前完成。学过微积分的都知道，要想掌握微积分，必须大量做题，著名的《吉米多维奇微积分习题集》是多少数学学子的梦魇。

当时我就横下一条心，《吉米多维奇微积分习题集》我都能啃下来，啃不下来你个“傻瓜”书？整整三个月，十几个周日，我独自一人与日月同行，与电脑“傻瓜”书为伴。终于功夫不负有心人，我成了公司软件用得最好的,其他同事在电脑应用上遇到问题,都会跑来向我请教,“江老师”的绰号,第一次在下海之后被叫了起来,我无比骄傲。

1998 年初,五同公司随兴发集团整体迁入位于白颐路的兴发大厦。总裁李杰兼任兴发信息事业部总裁,罗主任升为副总,主管兴发论坛、融园会所和瀛海威等事务,我依旧担任罗总助理,还被派入瀛海威公司学习网页制作。

在五同公司的一年多里,我掌握了开车、电脑的基本技能,在罗主任的严格教诲下,培养了规范化的职业素养,为日后的发展打下了坚实的基础。白羊座永不满足的个性、强烈的求知欲和求胜心使我预感到:不能停,我要飞。

## 不同寻常的创业

1998 年,一个大老板投资成立了北京中锐南洋教育咨询公司,我非常荣幸地成为总经理,时年 27 岁,可谓是意气风发、风光无限。可是市场是残酷的,半年的时间,把老板投的 50 万元赔个精光,老板还真够意思,每人发了俩月工资后,遣散。这次失败,使我明白了那句话:机会总是青睐于每一个有准备的人。不要抱怨自己没有机会,而是自己准备不足,抓不住机会。

> 机会总是青睐于每一个有准备的人。不要抱怨自己没有机会,而是自己准备不足,抓不住机会。

既然自己没有做过业务,既然自己不知道怎样做业务,那就要学习如何做业务。拿着 3000 元的死工资,到了一家名不见经传的小印刷公司,从销售员做起,一干就是三年,直到三十岁。这三年中,学会了如何“扫楼”;如何“攻破”前台的小姑娘,找到要找的客户对象;如何电话营销;印刷工序从电脑排版到出片打样,从上机器印刷到后期的“覆膜、扪切、击凸、烫金”后加工,我都尝试过;也涉足了印刷厂的人事、财务、供应商和流程管理;尝遍了办公室政治对企业带来的危害;经受了员工与老板的劳资纠纷。回顾这三年,是我事业上卧薪尝胆的三年，是我人生经历上最难忘的三年。

而在这三年中，我也经历了人生的重大转折点：久病 22 年的父亲去世了。那时我才发现，自己对父亲的感情是那么刻骨铭心。诚实与正直是父亲用自己的行动教会我的两个词语，也因此让清贫伴随着父亲的一生，但他无怨无悔。今天，生意场上又何尝不充斥着唯利是图、尔虞我诈、背信弃义。但是，父亲仿佛用无声的行动教育着我，这样的钱，宁可不挣，那样的客户宁可不做。这样一路走来，我可以问心无愧，我挣到的每一分钱都是干净的，都是可以在阳光下曝晒的。

父亲走了，最后一个月抢救和医药费共计 8 万余元，对于我们这样的家庭来说，简直是天文数字。还好，父亲是北京司法界的元老，国家规定全额报销。即使我们再努力，今生可能也无法超越父亲的光环和境界。到我们离开这世界的那一天，也无法依靠父亲的余荫来庇护，因此只有靠自己努力了。这是父亲对我们最后的教育，也要靠我们自己去体味。由此，使我做出了事业上的第二个重要抉择，辞职创业。

感谢老许和小王，在我们一起努力创业的时候能团结一致，攻下了第一个大客户——文曲星。业务员、展览设计师、平面设计师的黄金组合，使我们一起度过了企业的初创期。然而，共苦容易，同甘难，“道不同不相为谋”，三五年以后，由于对企业发展目标的认识不同，我们终于走向了和平“分手”。

经历三年的厚积终于在这一年薄发，然而业务的薄发却带来了管理不足的灾难性事故，文曲星的 165 万元大单签订之后，我们选错了承包商，亏损了预付款 10 万元；用人不当，使我们的企业出现了家贼，收受回扣不少于 20 万元；管理失误，连个小出纳都可以贪污 10 万元；租房子，房东携款潜逃，损失房租押金 2 万余元；盲目引进“管理人才”，导致“飞单”，查出的账面损失 6 万余元……而后由于与合作伙伴在投资方向和看法上发生了严重分歧，团队破裂，经过冷静的思考，我选择了单飞。

多年的积累与做人的坚定执着，使我拥有了一群好朋友。我从不认为我在刻意去“围”客户，而是用心去交朋友。记得打工的时候听说有个销售培训,讲销售的四个境界:手中有刀,心中无刀;手中无刀,心中有刀;手中有刀,心中也有刀;手中无刀,心中也无刀。我一直在思考自己是属于哪个境界,后来发现,自己已经没有境界了。分不清手和心里是否有刀,还是何时有刀,何时无刀了。也许只记住了企业家的名言:做企业如同做人。只要把人做好,企业就一定能做好。

## 采访手记

我们只看到创业者成功后光鲜亮丽的一面,却不曾想到他们也是经历了许多磨难。万事开头难,只要我们对自己有信心,是知识都要学,是技能都要练,就会像江老师一样,成为一个不从众的人,用认真与努力赢得客户的信赖、同事的尊敬、朋友们的理解,“认真与努力”将会成就我们一生的事业。

**采 访 人:**张清清 数学科学学院2012级

**指导老师:**董银华

# 马元颖：女版"何以琛"

马元颖，1996年毕业于首都师范大学管理系，随之在北京市第一师范学校任教，1998年辞职，自学法律并获得律师资格证书，2009年正式组建名谦律师事务所，身份是首席合伙人，前前后后带领过七十多名律师及助理。

说到律师，很多人会想到"严谨""咄咄逼人""雷厉风行""一丝不苟"等词汇，而她却是一个拥有阳光特质的爽快姑娘。很多人会认为律师职业枯燥乏味，而她在看书的时候却化身为名侦探柯南，津津有味地侦破一个又一个案件。

## 按自己的频率走

在大学时代,我并不是一个十分热爱学习的学生,但喜欢广泛了解政治经济人文社会等方面的知识;课余时间我也不太积极参加校内的学生活动,但是我在生活中和同学相处融洽,为人热心诚恳,和老师同学建立了良好的关系;在专业老师的眼中我是一个不想学就不好好学、想学就能学好的学生。因此,我的本科毕业论文指导老师邢星曾对我说:“你挺适合从事律师行业的。”不过当时的我并没有把这句话太当真,只是一心想着毕业后的工作。

当我走上工作岗位,真正成为一名老师,才发现体制内的工作虽然安稳却少了挑战,枯燥乏味的工作让我逐渐产生了离开的念头。父亲看出了我的心思,于是也对我说:“去当律师吧,凭自己本事考,可能会更适合你。”但是对于律师资格证的考试内容、考试流程我却一概不知,甚至可以说完全没有头绪。于是我回到母校去求教邢星老师,老师热情无私地为我提供复习资料。经过老师的鼓励和指导,法律严谨的逻辑性、缜密的思维性深深吸引了我,于是,我下定决心一定要通过律师资格考试,走上从事律师职业的道路。

刚开始的时候,我是一边在学校上班一边学习法律,可由于学校教师需要坐班的工作制度实在是耽误我学习法律的时间,于是我索性辞去教师工作认认真真地研读法律。幸运的是,我的丈夫和父母都非常支持我的决定。有了家人的支持做后盾,我越来越有信心,这更加坚定了我从事律师职业的目标。

## 创业团队初起步

辞职第一年是我这辈子读书最认真的一年,虽然苦却充满希望,因为我对它产生了浓厚的兴趣。我觉得如果把兴趣或特长和事业结合在一起，那一定会是成功并快乐的。

这一年我每天按照学校的作息来学习，早上8点准时坐在写字台前，每50分钟看10页书，再休息10分钟，10点还跟着电视做早间操。压力和兴趣共同推动着我，感觉自己也是个有理想的人了。我认为法律一点也不像传说中的那么枯燥，就像看侦探小说一样一环接着一环。法律条文的逻辑性太强、太吸引我了，我完完全全地走进了法律的世界。

如果把兴趣或特长和事业结合在一起，那一定会是成功并快乐的。

有一次我看书看到了晚上10点，心里想着再看一会儿就睡觉，但是看着看着就到了凌晨4点。我在临考前，甚至感觉自己已经好几个月没下楼了，只能趴着窗户看看楼下的人都穿什么季节的衣服。我就这样疯狂地坚持着努力着，一年过去了，我以高分轻松飘过。

证书考下来后我去了律所实习，持有各种案件的人上门来咨询，包括车祸、打架、离婚……形形色色，非常考验我运用法律的灵活度。如果用一个字来形容考试和工作的话，那么我觉得考试是“苦”、工作是“难”。于是我把每一个人的情况都仔仔细细地分析，从不怠慢任何一个案件。我慢慢积累了经验，开始准备创业。

那时我发现北京北城的房地产已经如火如荼，而南城却刚刚起步，因此在南城很少有做房地产专业的律所，所以我决定就在南城做专门的房地产律师。

有时会有客户咨询离婚案件，但我坚定地说：“不做！我们就只做房地产！”我在实习中就思考过一个律所一定要有一个主打项目，而不是客户有什么需求我就去满足什么，这样是无法长期发展的。如果想着这离婚的案子能挣3000元，我先挣了钱再说，那就等于毁了自己。事情真的是有舍才有得，慢慢地开始有人问：“你们是专门做房地产吗？那聘你做我们的法律顾问吧，因为本地只有你们一家是专业的。”我认认真真地做好一个主打项目，口口相传，业务逐渐多了起来。

## 团队是最核心的力量

对于每一个创业者来说,团队最重要,而作为起步之初的自己,对团队成员的筛选也是非常严格的。我在团队的组建过程中,始终坚持三大原则。

职业化。成员无论是专业知识还是工作理念都要与我要求的律师形象相符。律师首先是要用法律知识作为依托解决客户的问题,因此律师在提供法律服务的整个过程中要体现出专业化和勤勉尽责的服务意识。

诚信。这不是一句口号,不要想“先套住这个客户”,投机取巧的人总会赔了夫人又折兵,口碑没有了,业务也就没有了。答应客户的,就要全力以赴去做。到现在为止,我还经常会为了一个案子睡不着觉,有时睡着睡着都会突然醒过来想这个案子的突破点在哪里。对于我来说诚信是立身之本,不是说人际关系不重要、社会资源不重要,这些都很重要,但立好自己的根是前提。

大气。心胸有多大，包容有多大，舞台就有多大。目前我这里的律师大部分都是女性。我告诉她们：男人有男人的优势和优点，女人在职场上要学习他们的豁达；但女人也有女人的细致与韧性。如果把男人的大气和女人的细腻结合好，那就很了不起。我们要小事做得，大事不畏惧。

男人有男人的优势和优点，女人在职场上要学习他们的豁达；但女人也有女人的细致与韧性。如果把男人的大气和女人的细腻结合好，那就很了不起。

我把这些原则落实到招聘的每一个环节，并严格要求我的员工。记得我在独立执业第二年招助理的时候，有一个在西单商场工作的师弟刚刚通过司法考试，想来律所工作。我同意让他过来上班，师弟感激地说："真的是太谢谢您给我这样一个机会！"但是我很严肃地告诉他："别谢我，我让你来不是为了解决你的生存问题，而是需要你把工作做好，这是咱俩的原则。"

2007年，我遇到了一个在奥组委负责开闭幕式领导工作的老熟人。他跟我说："现在我们这儿缺律师，你能不能来？"我是真想去，因为我特别喜欢触碰新鲜事物。可是那时我的团队已经有三十多号人了，每年的营业额也都几百万了，我就是这个律所的"定海神针"，我走了，工作怎么办？于是在心里开始犹豫。但是后来我的想法得到了员工们的支持，最终在2007年还是去开闭幕式运营中心开开心心地入职了。

入职后，我只是一个普通的小职员，参与到物资采购谈判、运输、管理等事无巨细的工作，我突然从一个掌控宏观的领导变成了一个承担具体工作的小职员。我快速地进入角色，抱着学习的心态，认真地完成每项具体工作。我觉得来这里工作很值，因为我亲身经历了奥运，并在工作中结识了很多朋友，见识到了国家承办国际大赛的流程，和大家在一起也很快乐。还有一个意外收获就是，我知道了政府的思维模式、办事流程、工作方法，为我日后从事政府法律事务打下了基础。

奥运会接近尾声，有评选先进、光荣称号的机会。我把领导给予我的机会让给了其他同事，我觉得我收获的很多了，给大家留下一个洒脱大气的印象比多获得一个称号更重、更长久，关键是我心里更舒服。

从奥组委回来后,我发现律所这一年几乎没有利润,而且人心涣散。我又快速调试角色,投入了律所的工作。2007 年到 2008 年律所的收入甚微,加上 2008 年底国际金融危机的冲击,导致大家人心惶惶,我觉得这个时候唤起大家的信心最重要,我开会分析了宏观形势,告诉大家,变革就是我们的机遇,大家看到我信心满满,也都乐观起来,我觉得我在奥组委工作的最大收获就是让我一直保持着奥运的激情来面对我的工作。我们在 2009 年又创出了业务的新高,大家都说我从奥组委回来后更有激情、更敬业了。

## 创业感悟

首先是务实。当今社会许多年轻人最缺乏的就是务实。好高骛远、虚荣攀比,这是很多人身上都有的影子。成功是什么?先想清楚自己想要的是什么,然后把自己该做的做好了,就是成功。考研、出国、工作、创业都是正确的,但也有因为考研、出国、工作、创业后悔的。有一些毕业生说要自己开公司,他们心里想的就得是那种几千万元注册资金的大公司,可是他们连几万元的公司都没做过怎么做几千万元的?还有如果去工作就必须得是个部门经理,可是不在基层摸爬滚打怎么坐得稳经理的位置?人要张弛有度,如果别人需要你去刷杯子,你就要想我怎么才能把杯子刷得最干净。如果要求你去做一个大项目,那就要勇敢展现自己,不怯场。务实是最重要的,当然也会有天才,年纪轻轻,名声就响彻全球,可不是所有人都可以像他们一样,但如果学会务实,像我这种类型的成功是很容易复制的。

其次是自信与坚定。我走我想走的路,你去寻找你想要的,即使刚毕业时你的起点比我高,我也要坚守住自己的信念。然后再去多尝试,多开阔眼界,完成自己的使命。

> 成功是什么?先想清楚自己想要的是什么,然后把自己该做的做好了,就是成功。

第三是逆向思维。社会越是浮躁,自己就越要沉淀;别人说难,但我觉得未必,把这件事掰开揉碎地看待,复杂的问题简单化。就好比如果大家都买股票了,那我就不再买了,因为股市的投机机会已经不大了。大部分人都在追逐某一样东西时,反而要想想我自己应该干什么。

最后是学会合作。除了竞争,合作对于成功其实更重要,站在对方的立场上满足对方的利益,实现自己的利益也就不难了。

## 采访手记

马师姐的创业之旅并不是从一开始就设计好的,而是一点一点做起来,达到了一定高度后自然水到渠成。对于想要创业的同学来说,马师姐并不会告诉你都应该做什么,而是要让你考虑你喜欢做哪个领域,律师、教育、互联网还是其他。如果不确定的话就自己去实践一下,只要你想,就一定能找到。然后务实地一步一步地把该学的东西学到手,打开眼界多角度地思考问题。积累一个又一个小成功的案例,当自己被自己陶醉了,那激励感会变得更强,之后的路会慢慢明了。刚开始一定会有问题,但别怕,越早摔跟头,就会越早成功。

**采 访 人:**田欣蕾　管理学院 2012 级
杨　帆　管理学院 2012 级
**指导老师:**张　琪

# 王银杰：创业路上，巾帼不让须眉

2002 年，在首都北京，一个女人站在一幢漂亮的办公楼下，扫了扫进进出出打扮得光鲜亮丽的白领，最后打量一眼这个曾经工作和战斗过的地方，带着一丝兴奋以及对未来的憧憬，迎着夕阳，义无反顾地踏上了创业的路。迈出这一步，她不知道未来将面对什么，但夕阳的余晖洒在大地时，那一抹坚毅却很分明地写在脸上。9 年后，在硝烟弥漫的中国健康行业，一位以雷厉风行、务实进取著称的女强人，打造了北京最大的会议营销企业——北京宏达公司。而今，她又带着员工的使命踏入了新的创业征程，创办了北京本元智慧教育咨询有限公司，她就是我们的师姐王银杰，1998 年毕业于首都师范大学生命科学学院生物科学专业，一位坚持不懈的连续创业者。今天，就让我们一起走进本元智慧教育，走近这位巾帼不让须眉的女将。

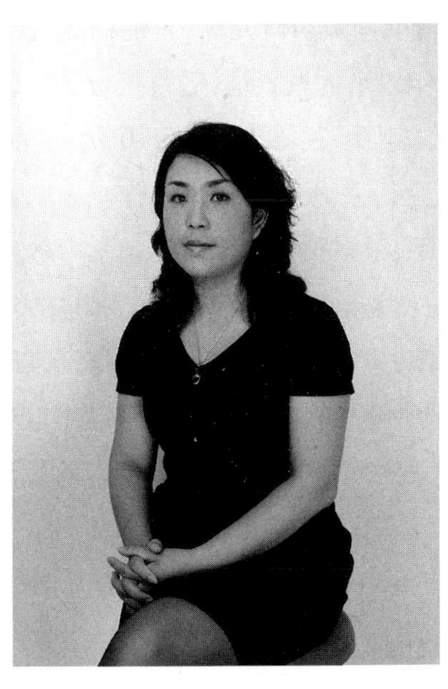

# 实现从 0 到 1 的创业

从教师职业辞职之后，我很意外地进入了一家与健康产业相关的企业工作，从此，开始了我与健康产业密不可分的职业情缘。在企业工作两年之后，我决定辞职创业，2002 年 8 月 31 日，成立了我的第一家公司。和所有初创者一样，对于创业这件事，我一无所知，但带着那份果敢与坚毅，以及坚持学习的心态，在一步一摸索中，我的企业实现了从 0 到 1 的蜕变。

当时的市场形势非常好，保健品行业在生活中也有着不错的口碑，在中国，这个行业又是刚刚起步。在这样一个消费者欢迎、竞争者缺乏的大背景下，我们公司有着飞速发展的势头。起步之初，我只是创建了一个销售团队，代理销售其他公司的品牌产品，但随着公司的运营，我意识到只维持现状是不够的，于是我开始接触并学习其他产业相关的内容，在 2005 年建起了自己的第一家工厂，专门制作床上用品等针纺织品。次年，我们公司就开始承接全国业务了。

2014 年，机缘巧合之下，我又接触了教育产业。中国科学院开展关于“0 到 16 岁孩子大脑潜能开发与研究应用”的课题，让我突发灵感。借着这个课题的成果以及多年以来的教育情怀，紧接着我又创办了两家教育公司，这一切似乎顺理成章。至此，我一直致力于 0 到 6 岁孩子脑神经网络的建构和 6 到 16 岁孩子全脑平衡教育的研发工作。

在现今教育环境下，很多孩子从小就开始学习数理化，这样的刺激让他们的左脑极其强大，也就是语言、数学、逻辑、分析和判断的能力非常之强。但控制音乐、美术、韵律、想象力和创造力的右脑，却资质平平。

于是，孩子的全脑平衡教育成为我们公司的主营业务，致力于“培养一个走向社会的人，而不是一台考试机器”是我们的发展目标。应试教育的弊端是显而易见的，而国内还没有人敢于向应试教育发起挑战。从一名公司总裁的角度出发，从一位母亲对孩子的美好期望着手，给孩子一个全面发展的教育模式是我们公司的共同愿景。

除了全脑平衡外,孩子习惯的培养也是非常重要的,尤其是在小学阶段,一个好的习惯是他受益一生的财富。每一位家长都希望自己的孩子能够适应社会,并且承担家庭责任,而一个人能否真正地立足社会,与他的想象力、创造力、魄力以及情商密不可分,这些能力的来源,正是那不经意间的习惯积累。

基于以上理论的调研与研究,我出了一本《决定孩子命运的七个小习惯》,同时还在筹备《习惯教育》一书,主要针对记忆力与自我认知能力的提升以及内心察觉的唤醒,同时也希望能够引导更多的家长一起参与到孩子的成长过程中。

## 困境也是机遇

“每一个企业的创办都是一段命运史。”这是我常挂在嘴边的一句话。

从创业至今，我从会议营销行业起家，到自办工厂，直至现在成立两家教育公司，13 年的创业经历，技术、资金、员工……与创始公司相关的所有问题我都遇到过。如今回首这一波三折的成长道路，每一次的困境其实都是机遇，经历过挫折的经验是创业过程中难能可贵的财富。

2002 年公司成立后，发展势头很好，不仅销量逐月翻倍增长，员工队伍也从最初创办的七八个人，逐渐发展到将近 50 个人，但是由于利益分配问题，我和合伙人分道扬镳，员工团队也最终一分为二。

每一个企业的创办都是一段命运史。

2003 年，“非典”突袭并席卷全国，北京成为重灾区。而我，却在危机之中紧紧抓住了这个千载难逢的机遇。

考虑到员工回家后要进行隔离，而且不知道这场灾难什么时候结束，很多员工对公司未来发展感到很渺茫，于是我做了一个非常果断的决定——坚持上班，不放假。为了降低传染的风险，我把员工队伍分拆成两个团队，每个团队轮流上班，上一天休一天。同时，我还在原来的基础上，给每人每月涨 200 元工资。通过全公司上下一心共同努力，“非典”期间我们非但没有亏损，反而逆势增长，而我不仅留住了所有的员工，也吸纳了前合伙人的团队。

2005 年，随着人数的增加，原有的企业已经不需要这么多员工。为了能给员工更多发展机会，我们被迫接受了转型的挑战。在创业这条路上，我从来都不是一个人，同时也一直在寻找好的项目，和我的员工一起开拓新的市场，让他们也能够走出公司，发展一片属于自己的天地。在致力于做教育产业的同时，我将之前公司的经营权交给了一直跟随着我的员工，最近，我也在策划去拓展其他领域，从我的员工中挑选一部分人出来做分公司的经营者。

在我的心目中，创业不只是自己把事业做了起来，对于共同经历风雨的员工，我希望也能够给他们一片属于自己的天地。

创业不只是自己把事业做了起来，对于共同经历风雨的员工，我希望也能够给他们一片属于自己的天地。

创业是一股热潮，也受国家政策的鼓励。很多大学生都在跃跃欲试,想自己做企业、当老板,但是很多大学生的起始心态就是不想被人管。“如果你没有被人管过,就不知道如何管人”,所以在创业之前,大学生们一定要先走进企业。

就业是一个老生常谈的问题。在我看来,在进入企业之前,首先要进行自我认知,这是一个非常重要的环节,俗话说:“人贵有自知之明。”其次,进企业、被人管是准备创业的第二步,站在一个企业被管理者的角度感受问题,才能在成为企业管理者时更好地处理问题。再次,就是要吃苦,不要被告知过多的内容,不要被灌输太多的经验,一切都要由自己打拼,不摔打不能成才。最后,要不停地学习与休整,学习能够吸收广泛的信息来源,休整可以有时间思考企业的发展问题,作为一名企业管理者来说,你可以什么都不做,但必须什么都懂。

## 采访手记

创始人呈现出来的都是光鲜亮丽的一面,但为此,他们付出了常人想象不到的汗水。在我低头书写银杰师姐的创业经历时,觉得她是有些许疲惫的。她能够快速积累财富,也会在一夜之间为企业操心白了头。但当我抬头直视师姐的目光时,却感觉到她是积极乐观的,她能够在绝望中寻找机遇,在困难中坚定自己的信仰。我想,银杰师姐面对着欣欣向荣的企业、不断发展的员工们、和睦美满的家庭,虽然辛苦,实则快乐。

**采 访 人:**李伊南　生命科学学院 2014 级

**指导老师:**王　洵

# 封建欣：追逐梦想，收获甘醇

梦想是驱动每个人拼搏向前的不竭动力，在追逐梦想的道路上，我们每个人都曾留下过深刻的印记，这些符号或刻骨铭心或浮光掠影，但背后都蕴藏着一段段动人的故事。封建欣就是这样一位行走于寻梦路上，不断超越自我的"物理人"，她做过国企职员、外企白领，在职场中奋力打拼，最终凭着自己的努力、实力、拼力，于2010年10月21日拥有了一家属于自己的企业——世纪朗润国际贸易（北京）有限公司。"摆正心态、把握时机、相信自己，未来之路就在脚下"是她始终坚信的成功箴言。作为董事长，她把公司定位于客户的个性化服务、红酒文化推广和健康养生理念传播的新兴价值理念区间，通过经营原瓶进口红酒以及艺术酒具与国外知名红酒产区开展交流合作。秉持真诚至上和精致服务的精神，她以红酒为媒，开拓出一片属于自己的天地，谱写着与众不同的华丽乐章。相信她的故事会给众多的在校创业学子以很大启发。

## 物理是梦想的起点

大学是一个人梦想起飞的地方，兴趣将会在这里得到释放，学习潜能将在这里得到彰显，所以选择好的大学、好的专业进行深造是人生中的一件大事。中学时代的我非常喜欢英语这门学科，立志以后学习英语专业，并从事与之相关的行业，所以1992年当我以优异成绩获得首都师范大学的保送资格时，我便毫不犹豫地选择了外语系英语专业，填报好表格交到学校时，我

从校长的口中得知与我同级的一个文科保送生也填报了首都师范大学外语系英语专业，而由于名额限制只能从我们两个中选择一个，出身理科班的我这时候开始莫名地犹豫了，因为我的选择可以涉足文理，另一位同学就没这么容易了。其实在这样的时刻，我本来没有必要动摇，因为我们都有平等的竞争权，但是在这样的选择面前我毅然决然地将名额让给了自己的同学。这样的结果其实就是我性格的一种写照，这种谦让包容的品质不仅帮助了他人，也帮助了自己。它让自己不留遗憾，让心更宽阔，也让眼界更开阔。也正是这种成全，阴差阳错地成就了自己不一样的未来。

把保送英语专业的名额让给了同学之后，我选择了首师大物理系，因为脑海里一直记得父亲当时对我的鼓励——“学好数理化，走遍天下都不怕”，所以来到全新专业的我没有彷徨，而是迅速适应，用刻苦努力弥补兴趣上的不足。在自己的不懈追逐下，我的成绩开始崭露头角，获得了老师和同学的认可，我还被推举担任班长，带领身边的同学努力学习、全面成长。个人方面，我在掌握专业知识之外，也热衷学生活动：借助足球运动，在绿茵场上锻炼了体魄，收获了友谊；担任系学生会副主席，通过创办系刊《Windows》，将各项学生活动“浮于纸上，留于心间”。学生工作的经历锻炼了我的组织、协作能力，进一步塑造了我的人格和性格，这对于我以后工作和创业中的人际交往和组织运营能力都有很大的帮助。

本科期间优异的学习成绩和丰富的学生工作，让我获得了保送研究生的资格，我选择了跟随张光勇教授和张存林教授攻读光学专业，作为一门理论与实验并重的学科，它培养了我严谨的工作作风、科学的逻辑思维方式，这些技能使我至今获益匪浅。对专业的感恩和热爱让我至今仍与物理系太赫兹光电子学教育部重点实验室有着投资和合作关系。

通过本硕期间与首师大物理系的共同成长，我由衷地为我当时的成全行为而感到庆幸。因为首师大物理系是我梦想的起点，是我力量的源泉，虽然我后来从事的事业和所学专业不尽相关，但是首师大给了我自信包容的态度、丰富有益的成功经验、干练成熟的处事方式和奋发拼搏的精神。

## 从国企到外企

耕耘总有收获，1999 年研究生毕业时我获得了“北京市优秀毕业生”的称号。当时北京市优秀毕业生可以自由选择职业，而不必强制进入教育系统，凭借个人敢于挑战新鲜事物的性格特征和系统的专业能力，我进入了北京市有线电视台，从事电视宽带上网方面的工作，当时这一领域在北京市刚刚起步，全北京前五十个家用 Cable Modem 网络就是我们一个一个去装的。我在有线电视台的工作得到了领导的赏识和同事的认可，收入不错。但幸福的表面也潜伏着深层次的思考，国企、事业单位的工作缺乏挑战，发展受到限制。因此三年后我决定离开，正在此时，国内外企蓬勃发展，偶然的机会我加入了美国通讯网络设备公司，做广播电视、网络建设、移动联通信息网络等方面的工作，在这里我的能力得以施展，受到领导的重用，一步一步做到了公司部门高管的位置，成为那一时期的职场白领，工作待遇非常不错，成为身边朋友羡慕的对象。

但是十年之后，随着国企的发展壮大与走向世界，外企经营的尴尬和困

难日益凸显,高层对我们的要求越来越高而支持却越来越少,加之当时外企的体制,我的晋升空间也基本到头,我开始重新审视自己的未来,并纠结选择怎样的道路。其实人都是一样的,不论你身处什么样的环境,难免会遇到艰难困苦和纠结挫折,但我们应该做“乐天派”,热爱生活,顺其自然。遇到烦恼挫折,不必刻意地去隐藏内心的软弱,也不必故意去表现自己的坚强。当我们遇到困难的时候,要注意合理地发泄情绪,走出困境。比如在我纠结的那段时期,就经常通过欣赏祖国的大好河山来释放缓解自己内心的压抑,还经常约好朋友一起踢球,有时候挥洒的汗水可以带走你所有的忧愁,同时带来幸福的心绪。散步也能让我沉静淡然,特别是当我在北京大学校园里散心漫步的时候,在思考自己想要什么、想做什么、能得到什么的时候,偶然领略了朗润园的美丽与芬芳、自由和欢快。身处其中,万般喜爱,受到了它的熏陶和冲击、启发和感染,我顿悟般超越了纠结,考虑到自己今后不论是从业还是创业,积累一定的管理学知识都是十分必要的,

> 每个人都会遇到挑战,只有勇往直前,才有可能释放出自己的潜能,不断进步。

所以我选择在空闲时间攻读北京大学 EMBA 来全方位武装自己。两年的学习生涯使我开拓了视野、提升了认识世界的能力,也渐渐地明晰了自己的人生方向,于是我辞掉了外企的工作,开始了崭新的人生。

由于当时我属于公司高层,主要的项目都在我手里,业绩也没有任何的问题,别人看来我正是如日中天的时候,大家对我的选择都表示不理解。然而经过十几年在体制内、体制外的工作实践积累,以及 EMBA 课程的理论积累,我对我自己有了更深入的认识,有了更加坚定的信心,也希望自己能有进一步价值的体现,而为别人工作已经很难再满足我的发展了。

“变是永恒的不变”,如何在变化中做出抉择,这不仅需要勇气,还需要智慧。每一次抉择都充满了可能性,可能性就是机会。所以年轻人不要害怕抉择,要敢于打破束缚自己的牢笼,放飞梦想,要大胆抉择、主动抉择,在抉择中成长、在成长中抉择。

在国企工作的三年,锻炼了我的专业技能和人际交往能力,拼搏于外企的十年开拓了我的视野,让我了解了不同的文化,养成了不畏挑战的精神。这些宝贵的职场经验就是人生的养料,支撑着我的成长。

## 从合作到单飞

从外企离职之后,我的生活回归“平淡”,有了更多时间来照顾家人和孩子,以弥补我多年来的亏欠。在此基础上,我开始关注创业,在北大 EMBA 学习的基础上,我开始寻找合伙人,一步步做了些小的国际贸易工作,特别是做了两年的知识产权代理的工作,因为当时合伙人有一些知识产权代理方面的经验和关系,所以我们的事业发展得很顺利,随着我们的努力,事业蒸蒸日上,但是眼前的繁荣只是昙花一现,公司的发展因为我的选择而面临困境,当时由于事业的发展需要,我选择将公司交给一个合伙人负责代理,开始我还是看好的,可是俗话说:“路遥知马力,日久见人心”,到后来我慢慢地觉得自己的选择错了,合伙负责人的经营方式和很多做事风格与我的想法和初衷南辕北辙。可单从业绩上来说也不能否认合伙人的能力,所以那段时间其实我是很彷徨的,对他的信任已经到头了,但毕竟合作了这么久,我心里还是很纠结的,著名企业家王石先生在他的著作中曾写到过“很多人的失败,很多事情无法再走下去,原因其实都在人身上,无论是一个国家,还是一个民族,无论是一个企业,还是一个人,想要有所成就的时候,跟什么样的人在一起做事是很关键的,所以,我们要和懂规则的人在一起”。所以心里纠结归纠结,但最终还是拗不过我的抉择:不得不与合伙人忍痛分离。这样的结局令我至今仍为我当时的抉择而自责和后悔。

只有不断找寻机会的人才会及时把握机会。

从此之后,为了生活我开始独自做起了国际贸易投资的工作,一次偶然的机会,通过朋友推荐,我开始关注红酒,红酒不但可以改善睡眠质量,而且可以养颜保健,这些突出的优点在 2010 年才刚刚被国内消费者所了解,另外,从健康、养生和品质生活角度看,过去国人会友团聚都是喝白酒,对身体有很大伤害。人生在世,短短数十载,懂得珍惜健康、爱惜自己才是最重要的,也是一种负责任的活法。所以那时候我也就看到红酒贸易的潜力,有了基本判断之后,我又进行了精心的调查,国内数据显示,当时全球一年葡萄酒红酒的产量是 365 亿瓶左右,中国一年的消耗量是 18 亿瓶左右,基本上人均可算到 1. 3 瓶左右,但在全球来说人均消耗量超过 10 升的国家有四十多个,尤其是日本,人均基本是国内的 2—3 倍左右,所以说在国内发展红酒国际贸易还是有很大市场空间的。于是我抓住机遇,把事业的方向朝着红酒国际贸易的方向发展。踏上了计划为之奋斗一生的辉煌征程。与此同时,我也从红酒的身上学会品味人生、享受人生。

其实有时候命运就是这样,有舍有得,合伙人的“舍”却换来了红酒的“得”,因此我与红酒结下了不解之缘,相见恨晚,倍感珍惜,于是我便将私贸与红酒巧妙地结合起来,不断做大、不断推广。

# 初心与梦想为伴

每个人心中，都有一个梦，艰也要面对，难也要坚持，因为执着；每个人心中，都有一条路，坎也要面对，坷也要坚持，因为选择；每个人心中，都有一份累，痛也要面对，苦也要坚持，因为坚强；每个人心中，都有一些经历，磨砺也要面对，挫折也要坚持，因为成长。

我在学业与职业生涯旅途中，一直遵从那一颗与生俱来的善良、真诚、无邪、进取、宽容、博爱的本心。用于成全他人、成就自己，用于选择挑战、一路成长，用于领悟舍得、把握机遇，它时时刻刻提醒我去感恩，去看清人生与自身。其实有时候不必把人生想得那么复杂，一切顺其自然，你只要恰逢其时地做，就会有应运而生的结果。但是人生除了幸福开心之外，还有脆弱难过的时候，我相信每个人都有脆弱的一面，在我们脆弱的时候，想哭就哭，不必憋着；在我们开心的时候，想笑就笑，不必藏着。哭过以后要冷静思考不能坐以待毙，笑过以后要谨言慎行不能得意忘形。这样才能使我们在逆境中收获成长，在顺境中不至于迷失方向。

创业从来都不是人生唯一的出路，跟随内心，选择适合自己的就是最好的。

初心与梦想为伴才能擦出成功的火花，人生有很多阶段，不同阶段有着不同的梦想，我们要做的就是“每日三省吾身，慎思而后行”，搞清楚自己每个阶段的梦想与目标，对于成功，每个人心中都有一杆秤。我们要做自己，传递正能量，实现自己的价值。创业一定要做自己喜欢的事，并且一路坚持下去。戒骄戒躁，实事求是，理论结合实践，努力奋斗。

多年的职业生涯一路走来，虽然我不断抉择，但是不变的目标就是追求卓越的自我。生活总是喜忧参半，关键在于我们如何去看。于生活的洪流当中，我们要相信自己，遵从内心；于人生的舞台，我们要坚毅沉潜，绽放光彩。梦想不必流于表面，一定要铭刻在内心。在追逐梦想的道路上，只要我们“梦在心中,路在脚下”就一定能够收获甘醇。

## 采访手记

无论是选择就业还是创业,清楚地认识自己,明白自己的追求,知道自己具有什么样的能力,适合在什么样的平台上发展以至最大限度地发挥所能,找准自己的人生目标是十分重要的。就像封建欣学姐所说的“对于成功,每个人心中都有一杆秤”,大家对于成功都有不一样的理解,而且在追求成功的道路上想法也会有调整与改变,拥有财富是一种成功,拥有一份稳定的工作、一个美满幸福的家庭也是一种成功,所以,成功的结果无从定义,只要跟随自己的内心,脚踏实地地去做,就一定会有收获。

**采 访 人:**宋 美 物理系 2014 级
晏 浩 物理系 2014 级
张心雯 物理系 2014 级
**指导老师:**尹 沛

# 徐俊祥:创业路上的冒险者

徐俊祥,1999 年毕业于首都师范大学化学系,毕业后在北京市第二十五中学任化学教师,两年后开始创业,历经两次合伙创业后,于 2008 年正式成立中青创想教育科技(北京)有限公司并担任董事长。中创教育发展至今,已经成为拥有 27 家直营分校、200 家加盟分校的大型教育集团,每年辅导学生十几万人次,累计辅导考研学生近两百万人次。

## 在蛰伏中悄悄成长

从人的职业生涯发展来看,以前学习的知识和职业经历对自己的做事习惯和思维方式都有着直接的帮助和影响,比如在大学期间对我产生深刻影响的有以下两个方面。

首先是专业。无论是本科生、研究生还是博士生,虽然很多知识在毕业后都已经遗忘了,但是在校时形成的专业思维一直伴随自己以后的生活及工作。以化学为例,化学是一门以实验为基础的学科,对于实验结果的判断绝不是出于主观臆断,而是完全基于事实,将此上升至做事亦是如此,事情成败需要在实践中检验,而不是在未行动前的想象。

其次是在校的实践活动。大学期间,除了自身的化学专业外,我还选修了外语、生物专业,不同学科的学习对于构建属于自己的知识体系以及个人的职业生涯发展都大有裨益。进入工作岗位后,从事的很多工作都是在校园里并未接触过的东西,但是由于我的自主学习能力很强,每进入一个新的行业,通过两三个月的学习,我都能够快速适应新的要求,而这些都有赖于在校期间在学习方面的经验积累。

大学生的活动丰富多彩,对于校园内的实践活动校方也是极为重视的。记得大一的时候,我的专业成绩可以达到年级前三名,但是在综合测评之后,我的总分仅仅是勉强拿到了三等奖学金,这给我敲了一记警钟,我认识到除了努力学习外,积极参加实践活动也是必不可少的。于是,我开始投身于各种实践活动中,最后还通过竞选成为学生会主席。正是这些实践活动,让我在大学期间收获了很多课本中没有提及的知识,它让我学会了多视角看待事物,也能够更加灵活地应对各种突发情况,这些都为我之后的创业之路奠定了良好的基础。

## 趋势性创业

我于1995年考取首都师范大学化学系,在校期间获得过很多的荣誉,也曾经担任化学系学生会主席。1999年毕业后,我去了北京市第二十五中学当初中老师,当时二十五中老师的待遇基本上是整个北京城最好的,工资较高,并且一周只需要上两天的课程,其余时间都是自己安排。

这份工作固然很好,但是基本上已经定型。从一开始,我就能看到三十年后的自己是什么样子。内心总是充斥着某种声音,告诉我不能就这样过一辈子;而且,我也总觉得自己应该去做些不一样的事情。

在二十五中教学的同时,我也在另一家教育培训公司任职。那家公司的领导对我非常满意,我自己也感觉在教育培训方面有一定的能力,于是我毅然从学校辞职,先后加入了几家教育公司。经过这几次工作的积累,我开始了自己的创业征程。

创业一般来说能够提供四个自由:财务自由、管理自由、时间自由、心灵自由。

创业一般来说能够提供四个自由:财务自由、管理自由、时间自由、心灵自由。这些也是我所追求的,因此成为我创业的最佳动力。

创业中有一个词叫作趋势性创业,所谓趋势性创业就是要对社会的需要和发展趋势有较为准确的判断。就拿我自己的创业来说,我们在21世纪初就对大学生的就业市场进行了考察,发现大学生就业和创业这一块是有较大发展空间的。当时主要是基于两点来判断的:首先是宏观的角度,这个跟做社会环境分析有相同的地方,我们当时发现中国就业的人群在逐年增多,比如大学生就业群体,从 1999 年扩招之后一直到现在,大学生就业群体是逐年递增的,就业人群越来越多;其次是从社会经济发展趋势的角度来判断,客观地说,就业岗位不会每年都呈现高速增长,更不会因为就业人数多了而成比例增多,但是大学生毕业人数以前是一年三百万人,现在一年有八百万人,每年还在以几十万人的幅度递增,所以大学生就业具有很大的市场。

想要进入这个市场,我们要做的是提供一些咨询或者服务,帮助就业者就业,而这些服务一旦被就业者接受,那么就是我们的创业机会。基于这样一个社会趋势的大方向,我们选择大学生就业创业方向,开启了创业之旅。

现在是"大众创业、万众创新"的时代,我们刚做创业服务的时候社会上有创业思维的人还很少,没有这方面的意识或概念。因此我们判定今后创业会有大的发展,于是决定将重心从辅导就业转移到辅导创业。

## 在教训中提升

创业是一件对人的要求甚高但成功率偏低的事。虽然在创业前期会有一些扶持,但这绝不是成功的理由。如果仅仅是看中了政府或者学校的扶持而选择创业,那么百分之百是不会成功的。创业是一条充满荆棘的道路,所以在此之前就应该明确自己的动机,也要做好独自一人披荆斩棘的心理准备。

我当初打算创业的时候很多人都不理解,因为在二十五中当老师已经是一份不错的职业了。但最后我力排众议,毅然选择了辞职创业这条路。

其实从我辞职到成立属于自己的公司这段时间,我经历了很多人一辈子可能都不曾有过的境遇。刚辞职那会儿,我在清华公司做技术,但是越来越力不从心,这份工作并不是自己的特长,而且收入也不高,那时候自己的心理落差很大,但已经无法回头,只得咬紧牙关继续坚持。

在创业的过程中，资金和想法并不是决定成功与否的关键因素，团队才是。

由于自己是师范专业出身，于是先后加入过中育教育和新加坡 TMC 公司，做了一段时间之后，在朋友的邀请下帮助他打理一家由某国外老板投资的教育培训公司，后来因为缺乏资金投入，难以为继，最终倒闭。从这家公司出来后，由于积累了一些经验，就和朋友一块开公司，公司运营一段时间之后又由于家庭原因从朋友公司撤出来。当时我爱人去国外做访问学者，我也想去国外读一个 Ph.D.，当时 GRE 都准备好了，但是临时出了问题没有去成。可想而知，那时候心情是异常沮丧，但是既然已经走到了这里，只得硬着头皮走下去。也是在这些经历之后，我下定决心开始创业，于 2008 年成立了现在的公司：中创教育科技有限公司。

每一次的经历都是教训，而先后三次的创业经历更是让我深刻地认识到：在创业的过程中，资金和想法并不是决定成功与否的关键因素，团队才是。也是这些经历，让我对于组建团队有了自己的心得和想法。

一个优秀的团队成员应该具备“德、才、进、勤”四种品质。“德”，即是说一个人的品德要好，这是第一位的，与人有关的很多事情是很不好说也不好控制的，如果一个人的品德不好，那么很多事情都无法进行；“才”，就是一个人的才能，包括综合素质、专业技能等，是可以培养的，因此在组建团队时，我们都会对团队的成员进行培训；“进”指的是一个人的进取心，要有积极进取的工作态度和对自我的要求；“勤”指的是勤奋，任何事情如果不勤奋就没有成功的可能，勤奋是做好一件事的前提。

## 采访手记

在采访后，我们更愿意称呼他为徐学长。因为他首先是作为一名学长，其次才是创业者在跟我们交流。在交流的过程中，徐学长非常坦诚，把自己在创业过程中遇到的问题以及所需要注意的细节都告诫给我们，而且他并没有长篇大论地描述自己在创业过程中曾经经历过来自各方面的多少阻挠以及遇到过多少困难,他始终保持着一种积极乐观的态度,也许这就是创业者所需要的重要的品质吧——因为当一个人真正喜欢做一件事的时候,他跟别人说得更多的是在做这件事的时候得到的快乐,而创业,需要的不正是这种精神吗?

**采 访 人**:卢志高　化学系 2012 级
王　璐　化学系 2014 级
苏　鑫　化学系 2014 级
**指导老师**:李会先

# 曲彬："猫眼"中的比萨世界

曲彬，北京人，首都师范大学1996级思想政治教育专业本科生，于2004年创办"猫眼"比萨咖啡店。现任猫眼（北京）餐饮管理有限公司董事长。经过十余年的发展，现已在全国设立三十余家分店，并在继续积极拓展市场。

中国的餐饮文化博大精深，国人在创造和享受自己的智慧与辛劳成果的同时，还不断地兼容并包，将世界美食融入到国人的生活和文化之中。比萨就是以它独特的制作工艺和诱人口感，在中国广阔的餐饮市场中争得一席之地，并在人们的味蕾中烙下了深深的印记。曲彬正是看到比萨在中国美食版图中日益重要的地位，抓住中国快速餐饮市场发展中的机遇，巧妙地将市场定位在北京市的白领阶层、高校学生群体和小规模的家庭聚会之中。在艰难又执着的探索之中，曲彬和自己的团队打拼下了一片属于自己的美食天空。

## 创业是一种生活方式

创业者选择的是一种生活方式,他所展现出来的是一种积极乐观的生活态度。

自己想要的生活不是等来的,而一定是创造出来的!

在临近毕业的时候,班里的同学都选择了自己喜欢的生活和工作方向,他们都很优秀,现在也都取得了很好的成就。我虽然并不知道未来生活会变成什么样子,但是我了解我的性格,路有千千万,但是我愿意坚持选择自己真正喜欢的一条道路。我不喜欢安逸和墨守成规,我热爱创造,自己想要的生活不是等来的,而一定是创造出来的!所以,真正把我推上创业道路的是我的兴趣爱好和我追求的生活状态,如果真的要对创业做出选择,那一定是因为自己喜欢,有这样的觉悟去面对以后的生活。

创业者所具备的素质是需要不断磨炼和打造的,潜力是要被激发出来的。在一开始,我当然不可能就以企业家的姿态来对待未知的事业,现在也不能以这样的名号自居,我只是在不断地做事,在这个过程中又不断地学习如何做事。现在面对的事情还是很繁杂,没有时间给我去犹豫和恐慌。

创业不只是一件事,它更是一个过程,一个包含了林林总总小事的过程。要想让这个过程起步,需要解决的不仅仅是“犹豫”和“恐慌”,更多的是一种成熟和沉稳的沉淀以及把握机会的智慧和决断力,这就是需要我们去磨炼和培养的一种素质。在准备起步的过程中,我拥有的还有坚持下去的毅力,对更好的未来的乐观。

学习绝对不是凭空的想象和对成功宝典的钻研,你得进入一个实打实的公司,去接触那里的工作流程,接受命令,接触团队和团队里的每一个人,让你受过挫的才是学习,让你兴致高昂的只能是洗脑的“传销”。

将学习的成本放在别人的公司里,打造出一个更好的自己。我创业之前在必胜客实习了两年,因为有不错的学历,性格比较洒脱,对待新事物接受又快，便被总部派到一个新的店面当见习经理。跟我搭档的是一个年龄相仿但是是从最底层一步步提升上来的年轻人。年轻人在一起总会争强好胜，我每天在工作时间、工作质量上都保证做得很好，这方面我们俩差不多，但是经理却对他宠爱有加，而且总会把机会先让给他，慢慢地我就在反思，不断地观察比较我们在工作流程中的细节差距。后来我发现，在与上下级沟通的过程中，我并不能将自己做事的实时情况及时反映给上级，而在我们的工作体系当中，及时汇报是很重要的，这种规则不会写在章程之中，是行业内的不成文规定，是要在实际工作的过程中学习和体验的。

## 了解生存的法则

> 规则是永远存在的，做不了规则的制定者，就要先做规则的适应者，这样才能把游戏进行下去。

我们的创业是实实在在过日子，理想是理想，说现实就跟理想一点都不沾边。任何新闻和字面上的东西，都只是表面的现象，真正运行的规则和法则，都是潜在和隐藏着的，是创业者才能感受到的东西。中国的市场经济发展有一个从不完善到完善的过程，在给我们带来无限商机的同时，也在不断给我们挑战，去适应这种不完善的竞争机制，这就是我们首先要面对的。年轻的大学生正要步入一个新的环境，这里面的生存法则，不是只靠你的励志、正能量就能对付的，你总不能喊几句口号，或者对不满意的现状一阵抗议，就能填饱肚子吧。创业者要的生存观念是什么，是既然我是老板，我就要对我的员工负责任，说白了，我得有钱给他们发。怎么能挣钱、赚取点击量，怎么能搞好公关，怎么能处理好我的企业和社会、政府等之间方方面面的关系，这才是我要做的。一定要知道，现在的某些不合理规则，不是该由你去挑战的。创业者有傲骨，但不可以有傲气，你要忍受征途上的这份艰辛，还得相信，前面终究会见到光明。

另外，人与人之间的小事，有时候比战术更重要。我并不否认有同学或朋友在生意场上能够一直保持良好共事关系的,但是我还是不赞同以同学或者好朋友的关系去搭伙儿。为什么?原因就是人与人之间的相处需要环境,事情的处理也需要一个环境,而这两者不一定随时相容。就像我们两人可以推着三轮车卖煎饼果子,我们两人可以经历磨难,还能过得开心,但是当我们的生意做大了,下一步的发展将会投入现有的资本,成功与否在此一搏的时候,这所体现出来的就是世界观的问题了。谁又能保证这样的情境下,你不会面临进退维谷的尴尬?创业是一项事业,是要做事,做事要心里面干净,要纯粹。哥们儿意气、海誓山盟,让人向往和憧憬,可以带着这样的希冀;但是首先,要把摊子支下来。做事,先做事!这是创业。

## 向新的领域拓展

> 市场风云变幻,竞争态势愈演愈烈,你不能让自己不断向前,就只能等着别人来把你碾碎。

现在我们正在拓展新的市场,向着新的领域不断拓展疆土。这不是件轻松的事,即使它听起来很辉煌。作为创业者,走出第一步是很不容易的,因为“一天是创业者,就注定这一生都是创业者了”,人的心力都是有限的,尤其是创业这种事,过上了这种日子,以后都没有力气再换种日子过。市场风云变幻,竞争态势愈演愈烈,你不能让自己不断向前,就只能等着别人来把你碾碎,所以用一句青春文学的话来讲就是:“奔跑,是我们的姿态。”

猫眼涉足的是餐饮行业,它的门槛要求并不高,参与者人数众多,这不仅仅要求我们做好市场定位,更要求我们不断向前。现在的市场环境并非青山常在、绿水长流了,互联网时代有互联网时代的思维方式,但是内容万变不离其宗,就是要抢占先机。你不要想自己的想法有多么多么的新颖,中国庞大的人口基数,在给创业者带来市场福利的同时,也让一个人的想法不再是“新颖”的了——在你想到这个点子的时候,它已经也存在于别人的脑海之中了。所以,我们要做的是“抢”,是一种行动!

创业者的生存危机真的不是说说笑笑的，我们现在正在进军青年旅社领域，这是一个新鲜又充满活力的行业，我和我的团队计划将它打造成一种独立的、以文化作为牵引内核的青年聚集地。现在我们已在北京拥有两处试运营点，从目前来看，我们还是有很大的热情和希望去做好它，就像一开始那样，只不过我们已经更加成熟、更加熟悉规则、更加脚踏实地！

## 背负使命前行

人生是一场修炼，不管在做什么，我都会有这样的体会。在我刚刚毕业的时候，也是面临着多样的选择，在选择的时候还要不断考虑家庭因素。

我生长生活在北京，当时我的父母是不赞成我创业的，他们也有作为过来人的考虑，这都是无可厚非的，但是当时这对我来说是一种压力，我需要自己去背负，然后做出决断，对于一个很看重家庭的人来说，这真的是一种磨炼。

回头看看,我真切地体会到了那种背负着使命和承诺前行的沉重,和那段时间带给我的收益。而立之年的我,已为人父,有压力,也很幸福,这就是我能想到的最好的生活。家庭不仅仅给了我责任感,它还让我更加沉稳和有所担当,让我的思维方式在潜移默化中发生了改变。我已经不再是那样年少轻狂。沉稳,隐忍,不断向前,要的是关键时刻的厚积薄发,那里有你想象不到的幸福生活,值得你铆劲儿!

沉稳,隐忍,不断向前,要的是关键时刻的厚积薄发,那里有你想象不到的幸福生活。

## 采访手记

第一次跟曲彬学长接触的时候,就很容易被他洒脱爽朗的性格吸引。在整个交谈过程中,他始终保持着真诚的笑容,对自己的经历直言不讳,动静中都展现出了一个创业者应有的风度和气量。他告诫青年学生朋友,要从自己的兴趣爱好出发,脚踏实地,隐忍前行,先做一个环境的适应者,再循序渐进去创造属于自己的发展空间。曲彬学长说:“人生中真正称得上是机会的事情很少,不要焦虑,艰难前行是人生常态,希望你们在进入社会环境之前能拥有一个良好的心态!”

送走曲彬学长,我们细细品味他的故事,也像他那样,露出了自然会心的笑容。他的创业之路就是这样,满怀热情和向往,肩负家庭和团队的期望,在激烈的竞争中隐忍沉默,探寻摸索,不断铆劲儿,一路向前!

**采 访 人**:祁 斌 政法学院 2014 级
陈怡同 政法学院 2014 级
**指导老师**:邓衍雷

# 谢海田:做梦想的实践者

谢海田,1998—2002年就读于首都师范大学外国语学院英语教育系,在校期间担任学院学生会主席,毕业后于首都体育学院任英语教师;2008年北京奥运会期间担任中国女篮主教练翻译,并一直担任中国篮球顾问;2008—2012年期间任职于中国中钢集团公司;2012年创办北京北麓体育文化有限公司,同时担任北京市海淀区师诺培训学校副校长。

## 大学时代的沉淀

大学,对很多人来说,是真正的起步,都希望能够选择个“规矩”点的学校,读个“稳定”点的专业。必须坦诚地说,能够来到首师大外国语学院英语教育系,我是幸运的。而一个轻松简单的初衷往往会带来意外的收获和惊喜,首师大带走了我四年时间的长度,却回馈了我未来事业的高度。

作为一名学生,学习理所当然被定位为首要任务。我当时的成绩单绝不能被言之为“漂亮”,我更不是大家口中的“学霸”。大学四年,对我而言,当然也并非只有学习,学生工作也是我大学生活不可或缺的一部分,因为当时我总能够提出活点子,所以自己的工作得到了当时外院负责学生工作的朱平平老师的认可和大力支持,而积极参与学生工作为我带来的不仅仅是学生会主席这个头衔,更是在组织能力和管理能力上的锻炼和提高。

在大学四年里,我尝试过两个兴趣爱好:一是表演,二是篮球。因为前者,我参加了戏剧社。而后者,让我成为外院篮球队的一员,从此与体育结下了不解之缘。篮球真正吸引我的是它所代表的体育精神,是那份集体荣誉感。

> 并非拥有刚性的利剑,就能在充满荆棘的道路上杀出一条血路。

大学四年,首师大给予了我很多,从对自我认识的困惑,到学会剖析自己的过程中,我得到了许许多多人的帮助,特别是朱平平老师,私下我常亲切地称她为“朱妈”。正是有朱老师的指点,我才能在迷茫时清醒、在膨胀时冷静。朱老师让我明白,并非拥有刚性的利剑,就能在充满荆棘的道路上杀出一条血路;我也开始懂得,大学四年我自恃的“全副武装”远不足以帮我敲开社会的大门,“全副武装”不过就是大学一场浪漫的局罢了。而要真正步入社会,我需要先认清自己,所以还需要“再孵化几年,在蛋壳里再待一段时间再出来”。

# 跳出自己的安全领域

成为首都体育学院的一名英语教师，对我来说是一个非常幸运和正确的选择。这份工作本身对我而言更像是大学生活的延续，是再学习的六年，就像一个孵化期，它给了我更多的时间和机会补足自己这把利刃的韧性，从而避免在还没准备好的时候去直面社会而头破血流。在首都体育学院的六年，我除了强化了自己英语专业的能力以外，同时还发现了一个足以让自己步入社会小试牛刀的契机——体育。这个发现来源于我六年来在首都体育学院与一群体育爱好者的频繁接触，从而使我对体育有了更加深刻的认识并且产生了浓厚的兴趣，而我也相信我在那里所感染到的这种体育精神将会陪伴并足以影响我的未来之路。

我与体育结下的第一份情，是在北京奥运会期间应邀担任中国女篮主教练翻译。此后，我便一直担任中国篮球顾问。正所谓一份机缘巧合，酝酿一份机遇。正是因为这个职位，我才有机会在2012年向中国篮球协会提出返聘中国女篮主教练翻译，而这恰恰成为我创业起步的“东风”。

> 一次一次挑战自己，跳出自己的安全领域，这就是创业者的精神。

一切在这里看似慢慢步入了轨道，不过当时我却选择暂时结束，“离开体育”四年。在与体育学院合同到期时，我选择了到中钢集团任职。这份工作在别人眼里可是“金饭碗”，不过现在回想那一段时间的工作，还是觉得那并不是我想要的事业。虽然中钢集团的确是非常有实力的企业，但是我还是觉得我不属于那里。在他人眼里，花费四年时间来决定不做一件事或许过于漫长，然而，对我而言，那是值得的，因为正是这四年，让我坚定了创业的决心，决定自己出去闯一闯，当然这四年在中钢集团的学习也为我今后的事业稳步起航奠定了基石。我非常感谢我人生的这一阶段，虽然在这四年的工作中遇到过很多挑战，但凭着体育里那股不言放弃的精神，我一路克服困难，同时也收获了经验。在中钢集团，我学会了

一个词,叫“不怵”。在这里,你是能见到许多大世面的,是非常开阔眼界的体验。我会经手数目很大的资金,这让我在经营自己的公司时懂得如何用钱。而中钢集团发展过程中的起起伏伏也让我懂得了不论大型国企还是私人企业都会经历风风雨雨,也就让我不再惧怕创业时期的困难。而这种品质和能力,远不是在学校里能够学习到的。一次一次挑战自己,跳出自己的安全领域,这就是创业者的精神。

## 开启创业之路

什么叫创业？是辞职？是离开体制？未必。创业就是你有足够的时间、精力和自由,去做你认为有价值的事。然后,幸运的是,在做这件事情的同时你还能养家糊口。创业无关乎形式,无关乎体制内或体制外。创业成功与否更不仅仅是盈利与否。这就是我对创业的定义,当然我也是这么做的。

离开中钢集团后，我意识到光有创业的决心是远远不够的，我需要对自己做客观的分析，并开始行动上的准备。

> 创业就是你有足够的时间、精力和自由，去做你认为有价值的事。

首先，认清当下形势，做好前期准备。基于在首师大英语教育系四年的学习和在首都体育学院六年的孵化，我觉得自己已经有了足够的专业储备。此外，要看清当前创业产业前景，寻找殷实的、可持续性强的产业，而绝非盲目围绕热门产业打转。同时，要做好心理建设工作。

其次，构建创业体制，寻找合作对象。我现在所创办的北京北麓体育文化有限公司主要是组织文化艺术交流，开展体育运动项目、体育经济等业务。基于这个目标，我在创业之初首先向一家旅游公司抛出了橄榄枝，我们之间的合作主要是旅游业务的办理，比如预订机票、预订旅馆等。此外，我还和首师大校友创办的北京市海淀区师诺培训学校建立起合作关系。师诺培训学校是一所囊括计算机、外语、艺术和成人高考辅导的民办培训学校，因此我们两方在文化培训和体育培训两个领域建立起互补合作关系。

最后，寻找启动机会，落实创业构想。正所谓“万事俱备，只欠东风”，我已经具备过人胆识，拥有专业储备和资金渠道，而当时所欠缺的就是一个可以创业的机会。这个机会就出现在 2012 年，中国篮球协会提出让我返聘中国女篮主教练翻译。借着这个机会，我就开始了自己的创业之路。

不过，我当时能够顺利起步的原因，除了这些全方位准备以外，“交朋友”也至关重要。除了拥有自己的公司以外，我也是师诺培训学校的副校长，那是和我的一位知己校友的缘分，可谓是十分真诚换来十分信任。在他最艰难的时期，我竭尽所能帮助他走出困境，而他，在出国发展后，也愿意将自己在国内的产业交给我来打理。有句话说得好，“但行好事，莫问前程”，真诚用心地结交朋友，无须步步为营，或许有一天，这些无形的资源会给你带来意外的惊喜。

当然，没有任何尝试是不承担风险的，没有任何一个领域是绝对安全的。当我的公司运营进入第四个年头后，受到经济整体低迷的影响，也由于高成本的人力、场地费用等原因，公司进入了一个相对低速运行的瓶颈期。我认为这是因为体育产业处在产业链的后端，因此极易受到经济波动的影响，然而，我也清楚这是一个可以并且值得坚守的领域，只要我自己坚持不动摇，一定会是拴在这条链上最后的成功者，我就是不给自己留后路，往前走，破釜沉舟。

## 创业寄语

我知道，当今大学生创业，除了对创业的过程知之甚少以外，还面临不少担忧和烦恼，尤其是关于创业决策、创业时间及创业前景等。基于自身的经历和经验，我也跟大家分享一下自己的看法。

> 归根结底，决定创业的时机在于六个字“天时地利人和”。

目前，大学生在大学四年级时，往往有两种选择，一种是继续深造，另一种是就业。而后者又有两种可能选择，一种是选择入职，另一种是创业。大学生往往由于对当前创业环境以及创业前景不甚了解，对创业犹豫不决。我认为当前创业形势一定是艰难的，因此在决定是否创业之前，一定要做到至少两件事：一是对自己有清晰的认识，二是理性评估现实环境的承载力。清晰的认识指的是明确自己的性格和品性是否真正适合创业，创业意味着要冒险，所以要认清自己是否愿意承担风险；此外，清晰的认识更是指清楚自己的能力和兴趣，客观剖析自身潜力。理性评估现实环境的承载力指的是要看清当前的大局势，创业不是异想天开，而是在大环境的承受力下合理地创作。完成这两件事，如果觉得自己愿意一试，不妨给自己一个机会。

此外，总有人问我什么时候是创业的好时机，是直接创业还是先就业再创业。我自己虽然是在多次择业之后开始创业，但是我觉得如果能够在大学甚至高中时期便开始孵化自己，那么破壳而出的那一天就是时机成熟的时候,毕竟很多经历和经验是需要创业者在实战中累积的。归根结底,决定创业的时机在于六个字"天时地利人和"。天时,指的是当前创业的大环境;地利,指的是耕种的土壤是否依然有肥力,能够开花结果;人和,指的是自身储备,包括专业、家庭等。武装好自己,何时都不为早,更不为晚。

而关于创业领域这个问题,我则认为与自身专业结合为最佳,因为投入最大,收益自然也最高。开拓专业领域,是对现有资源的最大化利用,这就使创业者在创业之前就具备了专业储备和人脉这两个极为关键的要素。此外,开拓专业领域并非固守成规,而是要去寻找不被重视却富有潜力的突破口。以外国语学院英语教育系有志于创业的毕业生来说,精英教育就是教育领域中的先锋型产业,是一块值得开发的沃土。首先,当前中国人对教育的投资在各项支出中名列前茅,它绝对是一个最优质的产业,从消费动机上看它是排名第一的;再者,精英教育不是传统教育,而是先锋式的,其优胜的原因在于以综合素质的提高来衡量学生,这样有创造性的教育目标和教育理念,与当今中国很多家长的教育理念是不谋而合的,而当前在国内这种培养模式又未被大力推广,因此精英教育存在着广大的开发市场。除此之外,我认为创业不可受体制条件的束缚,不要因为相对的自由度而将自己捆绑在体制外创业,如今在体制内创业所依附的高平台同样也是体制外创业无法匹敌的。

总之,立足现实,也追随本心,做一名梦想的实践派,而非空想者。

## 采访手记

谈创业或经验,在笔者看来,绝非易事,尤其是对正在这条路上的行进者,因为创业的风险性和不确定性,人们很难在时间上对创业成功与否做一个确切的分割,因此创业者的经验访谈往往带有其他经验分享少有的责任特性。在近两个小时的访谈中,笔者切身感受到访谈对象真诚地将其从大学到就业、到最终创业过程中的所得所感同笔者分享,通过笔者的整理,希望这些经验对有意愿创业或正在创业的大学生们起到一定的借鉴作用。

**采 访 人:**洪心娟　外国语学院英语教育系 2012 级
**指导老师:**刘　营　曾　达

# 李学磊：积极探索，学会专注

李学磊，1982年出生于北京，现任北京优途博雅文化传播发展有限公司品牌总监、北京容腾文化传播发展有限公司设计总监、北京鸟巢文化中心品牌策划专员、鸟巢文化中心艺术联盟品牌策划总监、清华大学品牌设计实践课程及企业实践课程导师等。2005年，他从首都师范大学初等教育学院毕业，后就读于北师大教育经济管理专业，在中关村第一小学任教7年后，走上创业的道路。他于2011年创建北京阳光天使童声合唱团，2012年创建北京优途博雅文化传播发展有限公司，2015年创建北京容腾文化传播发展有限公司。

北京优途博雅文化传播发展有限公司是一家专门从事艺术培训与演出的公司，现有教职员工30余人，学员遍及北京市各区县中小学校。公司开展的业务遍及音乐和美术的各个领域，包括京剧、舞蹈、合唱、管弦乐、声乐训练、音乐基础知识等多个门类。公司以"用心做教育"为服务宗旨，热心于社会公益事业，具有社会责任感和良好的企业形象。

李学磊在走上教师岗位的时候，所教的科目不是英语而是计算机，一个初等教育专业英语方向的毕业生，是如何走进计算机课堂的呢？就让我们一起来揭晓谜底吧。

## 不安分的学生时代

说起我的学习经历，印象最深刻的要属将近十三年的国画学习了。中

考时,我以特长分数第一的成绩考上了一所不错的高中。高一那年,我经常在上课时偷跑到美术教室去画画,可想而知,期末成绩十分不理想,被老师命令再也不许去画室。于是,我把所有的精力都放在了学习上,成绩进步非常快,后来名列前茅。

我是最后一批中师考本科的学生。我觉得自己特别幸运能够进入大学学习,那段大学的经历真可谓我最轻松的时光。当时我总想在学校外边做一些自己的事情,喜欢自己折腾。我在大二的时候报了一个平面设计的课程,那个时候学费一个学期大概 1000 块钱,学了 6 个学期,用了 3 年的时间。学平面设计的原因很简单:家里有台电脑,想要上网就得用电话,大家都知道用电话上网的价格十分昂贵,当时也没有什么好玩的网络游戏,所以自己就在电脑上装了好多绘图软件。

可能与现在的大学生不同,现在上大学压力很大,他们在完成学科任务之外,还得承担各种学生工作。而那时的我身上几乎没有任何学生工作,就觉得整天也没有什么事儿可干,再加上我本身就是一个闲不住的人,所以很多事情我都会放在前面去做。我在大一时就通过了英语四级,在大二结束时,把能选的选修课都选了,于是在大三、大四时我就有足够的时间去做自己的事了。

大二的我就走出了校园,与社会中的合作伙伴共同建立了一个婚庆公司。作为一名大学生,刚开始想问题都很简单,觉得自己手里的时间很多,想到外边和外界交流触碰一下,与大家一起做事,这样才有意义。记得当时我们公司有人做场地,有人做司仪,有人做鲜花,有人去租车……因为我的年龄最小,没有固定分配工作,于是哪里需要我就往哪里钻,尝试了几乎所有的工作。当时的公司做得还不错,不过只做了一两年,后来觉得这个工作太累了,每到周末和节假日就会有很多通宵才能完成的工作,而且婚庆的市场被瓜分得越来越细,我们没有办法得到更大的蛋糕。最后,虽然公司没有多少盈利,但是在这段经历中,我却收获了独一无二的社会经验。

我逐渐发现管理的重要性,无论是从管理自己的时间,抑或管理自己与他人之间的关系来说,管理都是一个职业人的基本素质。

毕业之后,我报考了北大青鸟的网络工程师。在工作中,我逐渐发现管理的重要性,无论是从管理自己的时间,抑或管理自己与他人之间的关系来说,管理都是一个职业人的基本素质。于是我去北京师范大学读了教育经济管理硕士,一边工作一边读书。明年我还要去读清华设计专业的硕士。我认为要想成功就要怀有终身学习的习惯和信念。

## 挖掘新的想法

2005 年毕业后,我在中关村第一小学从教 7 年。7 年的时间足以使我了解对一份工作是否感兴趣、是否适合我、是否能将我的人生价值展现得淋漓尽致。

在中关村第一小学任教的日子里,我并没有教授与大学专业对口的英语学科,而是有机会从事我个人很感兴趣的科目——信息。小学的工作使我感到轻松,说到这里很多人便会产生质疑,小学老师何谈轻松?就此,我很想跟大家谈谈如何保持良好的生活状态。对于小学老师来说，其实工作后新老师只需要“累”两年，第一年除了要熟悉学生、熟悉教材教法、熟悉学校的管理流程外，最重要的是找规律。以音乐学科为例，第一年的新老师需要做的是把小学一至六年级的所有课本拿过来统筹去看，什么地方该讲到什么程度，哪些地方需重点教授，哪些地方可以顺带而过，便可运筹帷幄。其他事情也是一样的，将初期的规律烂熟于心，做事便如同撰写一篇行云流水的文章，轻快而不失内涵。

正因为感到轻松，所以我有充足的时间去挖掘新的想法，开拓新的思路，从而以创新思维来丰富我的职业生涯。我不能让自己闲下来，想到什么就去尝试，就脚踏实地去做。于是，在学校工作的日子里，我创立了一门名叫“平面设计”的课程，教授电脑美术的相关知识；我还申请过一个国家级课题，我将小学一至六年级所有学科的教材通看一遍，发现了一个有趣的现象：以“三原色”为例，老师会在一年级的美术课上讲，三年级的语文课中提到，五年级的科学课中讲，六年级的美术课又会有所涉及。我便开始天马行空地设想，倘若把这些学生应该掌握的知识统筹在一个时间段讲，会不会更节省时间。于是，我的课题便是在一个时间段把所有课程全部打散，将所有相关知识点集中在一段时间讲。这个国家级的课题最后获得了课程改革方面的奖项，这个想法也在中关村第一小学得以实践。后来，我以一名普通教师的身份申请了这个课题，那时，我并没有其他杂念，只想把这件事做好，因为我知道：凡事“贵在想法，成在坚持”。

虽然在小学任教的时光让我觉得轻松安逸，但是在后来的日子里，我越发感觉每天重复性地工作、循规蹈矩地上课对我来说并不是一件有趣的事，这并不是我真正的价值与目标所在。而这 7 年的教师生涯，也为我今后的创业之路奠定了基础。

# 不悔的创业之路

说到创业这件事，其实我一直在做，只是每个时间段有不同的形式。我一共创办过五家公司，优途博雅是做得相对较大的。我从辞职后就开始做这家公司了，我妻子也一直跟着我一起做，主要是做音乐方面的艺术教育，后来成立了阳光天使合唱团，致力于做公益演出。

最开始成立的时候，我们就定好了基调和未来的方向，我找到了北京各种学校的音乐教师，希望给孩子们提供最专业的指导。开始的时候，我们只有 17 个孩子（其中有 6 个还是朋友家的孩子），那时候我们请的指挥非常专业，一共给孩子上 20 期课，每个孩子收 4000 块钱，进展还是比较顺利的。后来我们的孩子增到了 40 个，指挥专家要把一次课程的课酬由 2000 元涨到 5000 元，这大大提高了我们的支出，我犹豫再三最终决定给他，他却不敢要了，在开课前两天“临阵脱逃”了。短时间内，我们很难找到一个合适的专家，为了不欺骗这些孩子和家长，只好一个一个打电话，征求他们是否让孩子继续来上课的意见。特别悲惨的一幕出现了：40 个孩子有 30 个都退课了。我们只好挨个给孩子们退学费。

在面临抉择时，比起欺骗家长，我们义无反顾地选择了告知。即使这个合唱团差点就解散了，但我们还是选择诚信经营，因为这个是再重要不过的。后来，我们从十几个孩子增长到三十几个，到现在的一百多个，课程费从原来的 4000 元涨到了 7000 元，当然，最开始的那几个孩子我们只收他们 3000 元作为对他们信任的奖励。这种诚信的态度使我们树立了较好的企业形象，越来越多的孩子和家长选择我们。

其实这中间有一段小插曲，也算是个失败经历吧，跟大家分享一下。我们有三十多个学生的时候，在上地租了一个二层楼，投了七十多万元做全科的校外教育机构，一年下来基本没什么学生，而收益只能基本满足水电费。那时候我就意识到我需要专注，我应该把我们的音乐教育做到极致，而不是

什么都去做,这个教训对我来说是非常有帮助的。这点也让我充分感受到,创业是一条走到黑的路,这个过程中不能指望总会有人帮你,只能完全靠自己。要做成一番事业一定要自己小心探索并且学会专注。

虽然还没有做成什么市值过亿的大公司,但是我已经实现了当初的梦想,我现在拥有自己喜欢的事业,有自己的设计公司并向着拥有一本自己出的纯设计杂志而不断努力着。我想这就是创业所带给我的一切吧,好的坏的都是我生命中的一部分,我会永远心存感激。

> 梦想一定是要有的,实干的精神、诚信的理念和专注的品质是推动梦想实现的基石。

## 采访手记

一心一意做好一件事,先积淀好再去实践自己的想法,拥有乐观豁达的心态面对生活和工作,要有获取信息和把握政策的能力,要不断提升自我……这就是我们访谈李学磊学长创业过程中最深刻的感受。他不仅是一位成功的创业者,更是一位能影响后辈的学长。他不断学习新鲜事物,注重自我提升,在创业前期积累了一定的人脉资源和社会资源,他的胆魄和专注深深地打动了我们,并鼓舞我们以乐观勇敢的态度面对生活中的种种选择。

突然想起超级演说家冠军得主刘媛媛曾说过的一句话:“每一个理想都值得你拿一生去拼命,人生这么短,我就选择做那种又盲目又热情的傻瓜,永远年轻永远热泪盈眶,永远相信梦想,相信努力的意义,相信遗憾比失败更可怕,因为不成功的人生它只是不完美,但是它完整。”我们不妨中和一下刘媛媛学姐和李学磊学长的观点,生成更为奇妙的化学反应:梦想是要有的,倘若你的梦想是创业,那么在之前,你必须苦其心志劳其筋骨让自己变得更强大,你必须脚踏实地地去做事,终有一天,你会让这个有你的世界和没有你的世界有所不同!

**采 访 人:**吕　佳　初等教育学院 2012 级
李雪珊　初等教育学院 2011 级
刘鸣迪　初等教育学院 2015 级
**指导老师:**陈　源

# 刘荣华：教育的守望者

刘荣华，湖北黄冈人，现任北京爱加壹国际教育校长、中国O2O教育协会北京分会秘书长、中国NLP教育家庭讲师。1999年，以全校最高分考入首都师范大学历史系基地班，后被保送本校研究生，继续攻读硕士学位，专业为中国近现代史。2006年至2010年，在北京市档案局工作，并担任团委书记。2011年，正式创办北京爱加壹国际教育。经过四年的发展，企业现有三个校区，共有66名员工，一千二百余名学生。

## 学术与实践紧密结合

我 1999 年从湖北黄冈考到首都师范大学历史系(现历史学院)基地班。进校以后,听老师说我当时的成绩是全系、全科乃至全校的第一名,这也着实让我骄傲了一阵儿。本科毕业后,我又顺利被保送为本校的研究生继续攻读硕士学位。当时北一区刚刚落成,虽说比满满树荫、蝉叫鸟鸣的老校区现代化不少,但还是显得一片荒凉。现在让我回忆,那些虽已远去但真挚美好的点滴,我仍然能如数家珍。

> 所有的经历都会成为你的经验和阅历,一点儿不会浪费。

本、硕七年,给予我帮助的人太多太多,当然我最要感谢的是我的导师周兴旺教授。周兴旺教授学识渊博、思维活跃,但是我认为他对我的影响不仅仅在学术研究方面,更多的在于一种商业思维的启发。我跟随周兴旺教授撰写了一些中国近现代经济方面的学术论文,了解了民营经济的发展情况,让我对商业活动有了"感觉"。在准备论文期间,我有过几次外出的社会调查与实践经历,让我受益很多;对北京传统工艺美术行业的调研,让我有机会进入一线工厂与企业,从而开拓了我的视野;对广东顺德格兰仕企业的调研,让我切身感受到了南方扑面而来的商业气息;对中国现代经济的研究,让我深入思索"中国制造"与"中国智造"的内涵与意义;调研论文(《中国民营经济三十年》)获得"挑战杯"全国三等奖、北京市特等奖的好成绩,也让我将学术与实践紧密结合。

而对我创业最有影响的经历是大学期间的兼职家教。我从大二开始做家教,持续了五六年,直到准备硕士学位毕业论文时才不得已暂停了。那时候不像现在有网络、有家教机构,我们都是在花园桥东举着写有"家教"的牌子等待家长的询问。那时候的家教挣得也很少,也就二十块钱一小时,可是每一次的家教经历都是很难忘的。提起往事,我感觉还历历在目,也别有一番滋味。家教,让我在求学期间挣了一笔生活费,但更重要的是,寻找合适的家庭教师、与家长频繁沟通、得到学生反馈的过程,在当时也许是琐碎而费时的,但对于后来走上创业之路的我来说,都是宝贵的财富,因为学生与家长的需求与期待正是教育行业最有力的推动器。

## 找到了自己的方向

2006年研究生毕业以后,我进入了北京市档案局工作,成为一名公务员,两年以后还担任了机关的团委书记,事业顺利,令人羡慕。可这些,并没有让我对生活感到满足。以前大学宿舍聊天,大家就问我想要什么样的生活,我毫不犹豫地跟他们说"我不喜欢一眼望到头的日子"。可是当我参加了几年工作,我发现自己现在的人生就是这样的平静如水。那几年,我在单位同批的年轻人当中工作业绩确实比较拔尖,也一定会有不错的发展,但是,我不想再继续千篇一律地生活了。有一段时间,每天上下班的路上,一个想法就在我脑子里不停地出现:在30岁的时候,我已经看到了60岁的自己是什么样子,太没劲了!不是说这份工作不好,只是并不适合我。可能,本身就喜欢挑战与冒险的我真的需要选择一种新的生活了。

> 市场、资源及动力,这是选择创业方向必须思考的几点。

2011年,我辞去了大家羡慕的"金饭碗"。但我不是找好了下家才辞职的,我辞职的时候还没有决定要干什么。当时"裸婚"这个词很流行,我就开玩笑,说自己可是"裸辞"。虽说没有马上规划好今后的发展,但我并不害怕,也相信自己一定能干成!

在接触了出版、销售等行业两个月后,我渐渐找寻到了自己的方向——教育行业,主攻3—15岁孩子的少儿教育辅导。主要出于三个方面的考虑:首先,我曾经有过很多的家教经验,比较了解教育行业的空白与市场的需求;其次,现在市场上火爆的教育机构,比如新东方、好未来(原学而思教育),他们的掌舵人俞敏洪、张邦鑫哪一个都不是师范院校出身,而我出身师范院校,具有一定的教育资源及人脉,便于创业起步与发展;最后,坦白讲,我确实拥有着自己的教育理想,而教育行业较于其他行业能更好地实现自己的价值——教育,可以造福一个孩子、一个家庭,是对社会有益的事业。也是因为有这样的理想,我将我的教育机构起名为“爱加壹”——比爱多一点。

## 跨过高山大海

创业之初,我将爱加壹国际教育的学校选址定在郊区。一是考虑到相较于海淀等城区家教资源的饱和状态,郊区的课后辅导资源极度缺乏;二是我认为郊区建校的性价比更高,有利于机构的生存与发展。虽说对于自己的创业很有信心,但毕竟是作为白手起家的创业者,整个团队都是摸着石头过河。

今天我为习惯而努力,明天习惯一定为我而增力!

逐户调查、派发传单、展台宣传等零散琐碎的工作都需要我亲力亲为。但最困难的不是事务的繁复,也不是工作的辛苦,而是身份的转变。如果自己此时刚刚本科毕业,初出茅庐,我相信自己一定可以很迅速地投入,很好地完成,但是现在的我是一个三十多岁的人,并且有过在机关单位安逸的工作经验,所以要从头做起、从小做起,还真是需要迅速调整心态,适应现状。创业的第一年,我基本就没在家里吃过几顿饭。每天早晨六点出门,第一个到达位于门头沟的学校,晚上处理完工作,九点多才回到家中。披星戴月的生活,让我消瘦了不少,但也让我的机构逐渐步入正轨。

创业之路历来就不是一帆风顺的。我的课外辅导学校陆续开了几家,在门头沟、大兴等地逐渐站稳了脚跟,在当地也有了一定的口碑。于是,我想继续扩展“爱加壹”的教育版图。经过几个月的筹备,2012 年 11 月,延庆分校开始招生。但是天有不测风云,就在面向家长学生的几场试讲和招生宣传准备之时,延庆遭遇了 52 年来的最大暴雪,交通全面瘫痪。不要说会有多少学生来报名了,就连我和几个工作人员都被困在学校里,三天无法出行。当时,我看着窗外的一片苍茫,心里空落落的。这一切打乱了整个延庆分校的开办节奏,最后整个企业亏损了一百余万元,延庆分校也被迫关闭。这段时间真是非常艰难,也是我创业以来遇到的最大挫折了,真是“东风不与周郎便”啊。

怎么坚持下来的呢？当面对这些困难的时候,我总想起一个数字——10%。不是所有的创业都能成功,专家进行过统计,只有10%的企业能坚持下来并取得成功,所以,我不会放弃,我想只要还能坚持就坚持,这样一定能让自己的“爱加壹”成为那10%！所幸,大学时期养成的良好习惯帮助了我。历史系的同学们都知道我爱跑步,即使课业和兼职让我每天的行程都满满当当,我也一直坚持着运动的习惯。跑步,既锻炼了我的身体,保证我在创业之初早出晚归的日子里每天都能精力充沛,也锻炼了我的意志力,让我享受到了过程的酣畅淋漓。我的信条是“今天我为习惯而努力,明天习惯一定为我而增力!”是啊,人生不是短跑,而是一场马拉松。创业四年,现在“爱加壹”的规模已经有一个公司、三个校区,除单纯的课外辅导外,也开始研发高端成长训练营了。我也已经越跑越快,越跑越远了。

“我曾经跨过山和大海,也穿过人山人海……”说起曾经的困难与艰辛,我觉得那些到现在全都已飘散如烟。当我的公司走上正轨,取得了一些成绩,让我尝到成功的滋味的时候,我平凡生活中最多的仍是幸福与满足的感觉。当各校区都收到了来自家长的锦旗时,我感到骄傲,觉得自己的创业是正确的,事业是有益的;当我创业第一年,就让团队中的四名员工的年薪超过十万元,我觉得自己是幸福的,我不仅帮助了学生和家长,也让团队中的人实现了梦想,在北京立足;当我从每年兼职的大学生中发现可用之才,我觉得满足,我愿意带领更多志同道合的伙伴一起为“爱加壹”奋斗。

现阶段,“爱加壹”已经不局限于课外辅导的授课了,从单一授课转向综合培养,开始研发成长训练营。我希望能够通过唤醒心智、激发潜能,使孩子获得更大的成长,这是我探索少儿教育的新思路。而整个公司的目标是——十周年,上市!

## 梦想会照进现实

回望创业的四年,有过坎坷与艰辛,但是也有伙伴、有鲜花、有掌声,我也在事业上取得了一些成绩。我想,有几个关键词是帮助我、推动我不断前进的要素。第一,激情。激情就是影响力,它像一把火,可以给人带来光和热,可以点燃自我。第二,胸怀。胸怀就是格局,是带领一个团队奋斗的能力,让家长尊敬、孩子喜欢、团队成功的能力。第三,思维。思维让产品、客户、团队形成金三角,为发展提供思路,找到出路。第四,学习力。要时刻保持空杯心态与积极心理,这样才能可持续发展,从创业人向企业家迈进。第五,体力。年轻人拼搏奋斗,一定要自律,不能因为加班把身体搞垮,这样才能比别人“跑”得更远。

哪怕现在如一潭死水,也一定会迎来属于你自己的无限春光。

而对于历史学院的师弟师妹,我有着更为具体的建议:首先,不要担心自己的专业让未来的发展受困。确实历史专业就业方向相对单一,但是历史专业带给你的绝不仅仅是一些知识,更多的是一种历史思维,让我们看问题不简单、不武断、不偏颇,这些对理解人、理解历史、理解社会都是至关重要的。其次,要在大学期间多参加社会实践和社团活动,放宽格局,拓展视野,这样你会在各个方面得到比较充分的成长,为自己走入社会打好基础。最后,留下你的大学影响力。本科四年,研究生三年,也许有很多同学相互并不熟悉,但是当他们想起你时的第一印象,就是他们对于你的定位。如果这个定位是正面的、积极的,意味着他们认可你这个人,他们是会愿意与你合作的。这对于你的未来发展是有深远影响的。就像俞敏洪在创立新东方之初,王强跟徐小平这两个海归,之所以愿意回来帮助这个“土鳖”,就是因为他们觉得老俞人不错,毕竟大学给他们打了几年的热水啊!信任有时候就是这么简单。

最后,我想借用三个词送上我对师弟师妹的祝愿与期盼——生命、梦想与信仰。三个词,无须多言。即使我们都是凡人,但只要你相信自己与众不同、天生我才,只要你相信梦想一定会照进现实,哪怕现在如一潭死水,也一定会迎来属于你自己的无限春光。哪怕现在还一文不名,也总有你价值千金的一天出现!而我,也会用这三个词来鞭策我自己,在少儿教育的广阔天地里,不断探索,发光发热。

## 采访手记

与刘荣华老师的见面安排在一个阳光灿烂的早晨,初夏的北京刚刚被大雨洗过一遍,整个天空透着明媚的气息。采访正式开始前,刘荣华师兄为我沏了一杯茶,一边递给我一边说道:“茶叶的生长经过春夏秋冬,可是你喝到口中的就是那凝聚成一瞬的味道。想想这茶不也就跟人一样吗?”我一边品茶,一边回味,心想,这位师兄还真是一个乐于思考的人。整个访谈过程非常顺利,刘荣华师兄语言风趣,睿智豁达。对我来说,收获的不仅是一段创业的经历,更是一种关于人生的思索。正像刘荣华师兄的微信名称一样——麦田里,守望着教育,守护着孩童,守卫着心灵。

采访结束时,我用了两个称呼与刘荣华告别。一声“老师”,献上我对这位教育从业者理想与行动的敬意；一声“师兄”，送上我对这位前辈真诚坦率交流的感谢。

**采 访 人**：冯梦璐　历史学院2013级

　　　　　　吉　喆　历史学院2013级

**指导老师**：付　冉

# 鲁子文:没有奇迹,唯有坚持

鲁子文,2008年毕业于首都师范大学美术学院艺术设计专业。十年来,从美术学院到科技园,从精品音乐会到古树茶,鲁子文从未离开过首都师范大学。十年太长,长得他数不清自己拍摄过多少场音乐会;十年太短,短得他来不及回首就到了而立之年。他喜欢听音乐会,喜欢旅行,喜欢喝茶,喜欢一切生活中美好的东西。作为首都师范大学优秀大学生创业者,今天就由他来为大家讲述自己的创业历程。

# 真实地表现音乐的美

我的家乡在云南农村,家庭条件并不富裕。高考时艺考专业前三名,被特招来到首都师范大学美术学院。26 分的英语成绩让我无缘免学费的美术教育专业,被环境艺术设计专业录取,学费 1 万元一年。

2004 年 9 月,我带着家里四处凑的 6000 块钱来到北京,各种费用交完后只剩几百块钱,剩下的生活费全部需要自理。

军训刚结束,我便和三个同学一起开始为出版社画插画。40 块钱一张的插画我们一天能画 100 幅左右,利用这样的机会我赚了大学第一桶金,并且组建了自己的小团队。

大一的我充分利用美术学院的新媒体设备,帮助音乐学院拍摄舞蹈以及音乐晚会。后来李刚老师带着我,一起拍摄学校的“北京军训 20 周年”的女兵方队,得到学校认可后我们便开始从事专业拍摄音乐会的工作。

我学的是德国和日本拍音乐会的做法,按拍子来切画面。从总谱开始,先把整个拍摄方案做出来,严格按照小节拍摄,并且每个机位都是实拍。不用摄像机的现场音乐,而是用录制最好的 5.1 声道、环绕声等最后叠放在一起合成。中央音乐学院的黄河教授先看中我们,说我们做的这些东西可以当教学片。此后,我便继续学习日本和德国专业的做法,做到全程记录和优质画质(HD 高清和 1080P),就这样,我们像做私房菜一样把这东西做起来了。

中国爱乐乐团、国家交响乐团、中央民族乐团、国家大剧院、北京音乐厅、上海交响乐团、广州交响乐团等演出拍摄接踵而来。最有利于我们成长的是和中国唱片总公司、上海音乐出版社、环球音像出版社、人民音乐出版社合作的“追梦红楼”音乐会,与“中国金耳朵”李大康老师合作的录音。与李老师合作出版的作品还获得了中国金唱片奖。在这个过程中,四五千场的音乐会,我们从未松懈过。

音乐是一种流动并且韵味十足的艺术,我们想让它更自然更真实地表达出来,所以我们要做到最好。

## 要做中国最好的音乐会

> 我们想做好就必须一如既往地坚持下去,我们不会也不能放弃。

十年磨一剑,坚持最重要。我们发自内心地喜欢音乐,我们想做中国最好的音乐会。但是仅仅有梦想是不够的,创业过程中,争吵、股权分配、人员流失等所有创业公司的瓶颈,我们都遇到过。

起初的半年多,我们发不出工资;音乐会过多,导致很多东西做不过来,但是我们团队又不能复制,那是最艰难的一段时光,但即便如此,我们也清楚地知道:我们想做好就必须一如既往地坚持下去,我们不会也不能放弃。

参加“赢在中国”北京大学生创业大赛,马云先生和牛根生先生是我们的导师，他们告诉我，如果创业你拿98%股份别人拿2%，每年盈利为1万元，你只能分到9800元；但如果你拿10%，每年盈利10万元，那你就能分到1万元，1万元跟9800元，比例不一样，意义不一样，跟你在一起干活的人，感觉也不一样。

于是，创业初期我便开始分股份，我的股份从原来50%降到现在的20%多，我并不在意这些，因为我们一直在一起并且在不断变好，当我不在公司时，任何人坐在那儿都认为那里就是自己的公司，这才是我理想中的公司。当然，能走到现在还是因为我们拥有共同的梦想：好好做，以后在一起买房子。而今，大家都有了归宿，并且一直都还在校园，我们做到了。

每个公司到了一定时期都需要转型，需要更上一个台阶。音乐会和做足疗一样，虽然你做得很好，但是如果客户生病，再好的足疗也无济于事，你需要做的是不断提升自己的层次。

于是我们开始开发网络产品，微试听、网络大师等课程相继推出，这样既解决了想学的学生找不到老师的问题，又在一定程度上扩大了教育的影响力。近几年金融市场不景气，音乐会演出偏少，虽然对我们冲击不是很大，但这预示了未来中国的发展趋势：未来很多赚钱的东西一定是人脑需要的东西。

## 母校的支持是前行的动力

从2005年到现在，学校老师对我们帮助很大，包括陈宁书记、学生处处长烟青和李刚老师、心理活动中心钱峰教授、科技园的谷群老师，无论是创业场地，还是学校创业专项扶持资金，都特别支持我们。因为我们一直没有走出校园，学校就像保护伞一样，无论发生什么都在一如既往地保护我们。

社会很现实，它关注的是你会不会做这件事情，你人品怎么样，你做东西到底能坚持多久。我希望能帮到一些学生，也希望大家抱团，能够资源共享。

我建议师弟师妹们多出去找事情做,无论做什么事,都会在做事情的同时认识很多人,碰到很多机遇。如果不出去就永远都不会认识新朋友,也不知道自己该干什么、能干什么。出去的时候也不要想别人到底会给你多少钱,毕竟你现在还年轻,需要的不是金钱而是经验和人脉资源。

最重要的就是发现自己的特质,做最好的自己。

我一直奉行的原则是,什么人都是你的老师,哪怕是乞丐,因为每个人身上都可能有你所不具备的特质,而我们最重要的就是发现自己的特质,做最好的自己。

## 采访手记

鲁子文师兄能够在十年时间闯出一片天地,归结于以下几点。

一是善于学习。所谓活到老,学到老。同样是拍摄,他主动学习德国和日本拍摄音乐会的方法,能够做到最细致、最准确地制作。而且在不断得到学校和社会的认可时看出人们的需求,知道如何去满足客户的需求。

二是坚持。创业不是一蹴而就,既需要全身心投入,又需要有一颗愈挫愈勇的心。困难都会遇到,关键是看自己怎么解决,是就此放弃还是坚持不懈。有些事情,你不做永远不知道自己可不可以做到,只有当你去做了才会发现自己并不差,而且会做到很好。坚持自己的梦想,坚持自己的信念,不断磨炼自己,一定会成功。

三是善于抓住机遇。即使大漠孤烟,也会存在一洼清泉;即使山穷水尽,也会柳暗花明。机遇可以改变人的命运。没有资本,再好的机遇也是枉然。因为努力,因为善于抓住机遇,让他在机遇面前,有了升华自己人生的资本,没有这些,即使机遇仅仅与他一步之遥,也会遥不可及。

**采 访 人:**高红辰　美术学院 2012 级

**指导老师:**邵　帅

# 阿依布拉克·朱玛克:与爱心同行

她是“心佑工程”的发起人之一,她是“奥运同心结形象大使”,她是第一届“内高班”学生,她就是阿依布拉克·朱玛克,一个果敢、自信、阳光的柯尔克孜族姑娘。她2008年毕业于首都师范大学资源环境与旅游学院旅游管理专业,毕业后在北京工作,5年后只身前往南京创立了自己的公司——南京纽澜德医疗科技有限公司,之后发起“心佑工程”公益项目,帮助新疆克州贫困家庭的先天性心脏病儿童到南京进行免费治疗。从一个懵懂少女,成长为目标明确的有志青年,阿依布拉克走出了一条成功创业之路,展现了新疆青年的风采。

今天,资源环境与旅游学院的小记者们就带着对阿依布拉克职业生涯的好奇,以及对她本人深深的敬意,一起走进她的成长历程。

## 为梦想插上翅膀

我出生于万山之巅帕米尔高原的柯尔克孜族聚居地克孜勒苏柯尔克孜自治州。由于母亲患有先天性心脏病,在我出生之前,母亲就在北京做过很大的心脏手术。12 岁时,我和妹妹随父母在北京度过了整个暑假。本来是陪患有先天性心脏病的母亲来做手术的,但因为母亲术后还需要在北京恢复一段时间,于是,这期间,父亲就带着我和妹妹参观了清华大学、北京大学等知名学府。还记得当时父亲语重心长地对我们说:“只要你们好好学习,将来也会有机会在这里读书的。”

一个半月的北京之行,让我大开眼界,也深切地感受到了北京这座城市的人文魅力。第一次吃肯德基,第一次坐公交车,第一次见到这么繁华的街景……这些神奇壮观的画面,都深深地印在我的脑海里,并在心中埋下了到北京求学的种子。

2000 年,我以优异的成绩考取了新疆第一届“内高班”。于是,16 岁那年,我离开父母,独自来到深圳的松岗中学。我做好了充分的思想准备,因为前方有一个更远大的目标等着我去实现——去首都上大学。

## 美好的大学时光

四年寒窗苦读,我终于顺利地进入了首都师范大学资源环境与旅游学院,学习旅游管理专业,12 岁那年埋下的种子从此生根、发芽。

全班一共 42 名同学,只有 5 名同学来自外地,其他同学都是北京人。初到校园,同学们对我的民族、名字和家乡充满好奇。比如,新疆的学生是不是骑马上学、家乡的房子是不是蒙古包等等,这使得我每天都得不厌其烦地向同学们解答各种问题,由此我萌生出一个念头:一定要带同学们去新疆看看！

大学的第一个暑假，我就邀请同学们去新疆玩，有4位同学跟随我来到新疆，看到了辽阔的草原，感受到了新疆各族人民的热情友好。回到北京后，他们向其他同学讲述了各自的新疆见闻，这段经历也使得我们之间建立了更加深厚的友谊。直到现在，我的父母到北京，同学们都会主动去看望我们共同的新疆父母，亲切地喊："爸爸，妈妈！"

当然，多才多艺的我也积极参加各类社团活动，主动融入校园生活。我认为：无论在哪个城市读书，都应当努力融入当地社会。有很多在内地读书的新疆学生抱团只跟自己的同乡一起学习、生活，这样自然就失去了新疆学生来内地求学的意义和价值。我觉得新疆学生应当花更多时间和内地的小伙伴在一起，从他们身上学习自己不具备的能力，利用大学四年的时光来完善自己。

2007年11月，我在北京的一位好朋友打电话向我传达了一个好消息：北京市京通苑小学正在招聘吉尔吉斯语的语言培训师，为2008年北京奥运会接待吉尔吉斯斯坦体育代表团做准备。我顺利地通过了面试，之后从事了近一年的吉尔吉斯语及礼仪文化培训师工作。

2008年8月8日在奥运村，我带领学生们用吉尔吉斯语与吉尔吉斯斯坦时任总统巴基耶夫先生及代表团成员们进行了问候和交谈。奥运会期间，在我们的努力配合下，北京市京通苑小学顺利地完成了奥运会的接待任务，并授予我"奥运同心结形象大使"的荣誉称号。这样难得的机会，这样激动人心的经历，使得刚刚大学毕业的我爱上了这座包容、首善之城，于是我坚持留在北京找工作，开始了北漂生活。

## 重获"心"生

"干一行，学一行，爱一行"是我的人生体验，也是我推开成功之门的制胜法宝。

干一行，学一行，爱一行。

大学时代,我学习的是旅游管理专业,而毕业后我敢于向陌生领域——IT进发,在一家银行软件开发公司负责市场推广。虽然专业不对口,却为我获取新知识打开了一扇窗。我很快发现了自己所学专业与从事工作的共性:“都是与人打交道”,这也让我拥有了从容应对难题的自信。经过三年拼搏,我从完全不懂市场成长为独当一面,从销售助理晋升为大客户经理。

为了能在更高的平台上锻炼自己,我于2011年10月跳槽进入一家IT行业的上市公司。这家公司是国内电子信息行业的知名企业,相比之前就职的那家公司规模更大、管理更规范。我仍旧从事老本行——市场推广工作,由于在金融方面的专业优势,加上工作业绩突出,我被任命为金融行业经理。与此同时,我坚持“充电”,于2011年报考了首都经贸大学金融专业在职研究生。

经历了一番摸索后,我发现打工不如创业;前后经过两年的深思熟虑,我终于下定决心,只身前往南京开启自己的创业之旅。

2013年11月,我注册了南京纽澜德医疗科技有限公司。“果敢、自信、阳光”,这是我为公司和自己制定的创业宣言。独立创业的路上从来都是荆棘丛生,风险也远远大于一份稳定的工作,但是我始终遵循着内心的方向,享受活着的感觉。

> 创办公司不仅是勇气的挑战,更是一场耐力和智力的比拼。

创办公司不仅是勇气的挑战,更是一场耐力和智力的比拼。我们公司主营方向是医疗科技,于是,我就去各大医院介绍自己的医疗产品。创业之初,我从未想过,这条路走起来竟是如此艰难。

在创业的头三个月里,我一次次前往各家医院,一次次被拒之门外。第一次接触南京医科大学第二附属医院心血管病中心的李庆国主任时,就吃了闭门羹。然而,正是这次经历让我有了意外收获。我无意间听到了李主任身边几个同事的对话,大家在为新团队没有品牌概念而发愁。于是我主动请缨,为这个团队设计了一份漂亮的推广方案。正是这份付出,让我的公司有了第一桶金,也为之后的公益之路奠定了基础。直到这一步,我才真正跳进了医疗圈的洪流,有了一种在煎熬中重获新生的喜悦!

凭借先进的理念和优质的服务，我们的公司逐渐有了市场，果敢、自信、阳光和诚信也换来了李庆国这样的挚友。在与南京医科大学第二附属医院合作的过程中，我们联合策划发起了公益活动“心佑工程”——新疆克州先心病患儿免费医疗救助计划。截至 2014 年底，我们先后分三期共救助 10 名来自新疆克州贫困地区的少数民族先心病患儿。

“心佑工程”为 10 位柯尔克孜族、维吾尔族先心病小朋友成功“修心”的消息传遍新疆、江苏乃至全国，在社会各界得到了极大的反响，越来越多的人参与其中。

看着克州当地的一个个小生命重获新生，让我更加清晰未来的道路，前进的步伐也更加坚实有力。“心佑工程”促进了克州当地社会的稳定，也增进了少数民族和汉族之间的交流和理解。我也希望，将来能有更多的人像我们一样，伸出自己的双手，帮助那些需要帮助的人。

## 采访手记

采访师姐阿依布拉克,像和一位老友叙旧,和一位朋友分享。师姐的一举一动、一言一语间都流露着对这份公益事业无限的热爱,以及对青年人极大的热情与关爱。她满怀爱国、爱家的情怀,同时又有着灵活的头脑和敏锐的市场洞察力,更重要的是,她有着坚韧的精神和勇敢的心。在她身上,我们看不到商人的浮躁,看到的只有对梦想的追逐和美丽的心灵。

同时,她对我们青年大学生的鼓励像一股清流沁人心脾,在这个充满理想与奋斗的年代,我们见证了理想的存在、坚持的意义。我们相信,无论以后走上创业道路与否,我们都将像师姐一样将理想进行到底,让感恩之心永驻。

**采 访 人:**胡嘉琪　资源环境与旅游学院 2012 级
刘雨思　资源环境与旅游学院 2012 级
郭嘉颖　资源环境与旅游学院 2012 级
**指导老师:**李诗朦　张　璐

# 朱硕:挑战自己的极限

朱硕,奥派文化传播有限公司创始人,首都师范大学教育技术系教育技术学专业2008届毕业生。奥派文化传播有限公司是一家致力于帮助留学生找到海外寄宿家庭的互联网平台,现在已经步入正轨,稳步运营。

## 踏出一步的勇气

毕业后,我在一家4A广告公司,几乎天天披星戴月地工作。同时为了帮西班牙的一所语言学校招中国学生,便开始鼓捣一个微信公众账号,几个月后阅读量和用户数还算令人满意。

那时每天不管回去多晚,我都要看一遍所关注的创业媒体的资讯,看看今天又有什么有趣的项目和新奇的模式组合。后来,对于创业是怎么回事有了模糊的概念和想象,这貌似是一群有趣的人在随心所欲做着有趣的事。随着对各种项目的关切和对整个创业认识增多,心里便涌现出要折腾点名堂出来的想法。

那个冬天,走在凌晨 1 点的长安街上,我开始计划要做点什么。那时并没有想清楚方向,冷风吹在脸上,心里却涌动着一股热情。

> 创业本质上其实是非常有创造力和活力的生活方式,你花费的每一丝心力、每一点细微的推进都会让自己明显感受到成长。

我知道踏出这一步需要勇气,为了更清晰地了解所谓创业为何物,我加入了一个年轻的创业团队,开始了创业体验。在这个过程中,尤其是早期,所承担的责任和工作量都很大,你要将每一部分都了解和参与,大方向的把控和细节的雕琢也得兼顾。我也体验了与大公司高度系统化不同的工作与生活状态,每一件事每一个细节,从产品设计、运营规则,到商务、市场拓展,我都亲身经历过。而在这一年中,我也慢慢清晰了要着力的点。在这期间,遇到了自己现在的合伙人——曾经共同留学的同学。也许都是受到创业大环境的影响,两人很快就碰撞出了火花,有了大概的方向,而基于多年的相识信任,内心笃定要一起拼一下——做跟留学生相关的事。在几个月的摸索了解后形成了现在的 Ourpair,脱离当时的创业团队自己干并不是因为有信心,而是带点愣头青的勇气和如鲠在喉般要做出来看看的跃跃欲试。

第二年 Ourpair 诞生。Ourpair 是帮助留学生找到海外 homestay(寄宿家庭)的互联网平台。我们在全球热门留学目的地帮助留学生匹配合适的 homestay,快速提高语言交流能力并融入当地社会。我们通过严格的资格审核、详细清晰的信息展现,以及未来将上线的在线支付功能和安全保障机制,确保 Ourpair 这个平台确实能帮助广大留学生,我们也希望通过 homestay 这个点的发力,能逐渐使它成为全球各国留学生都能够获得助力的平台。

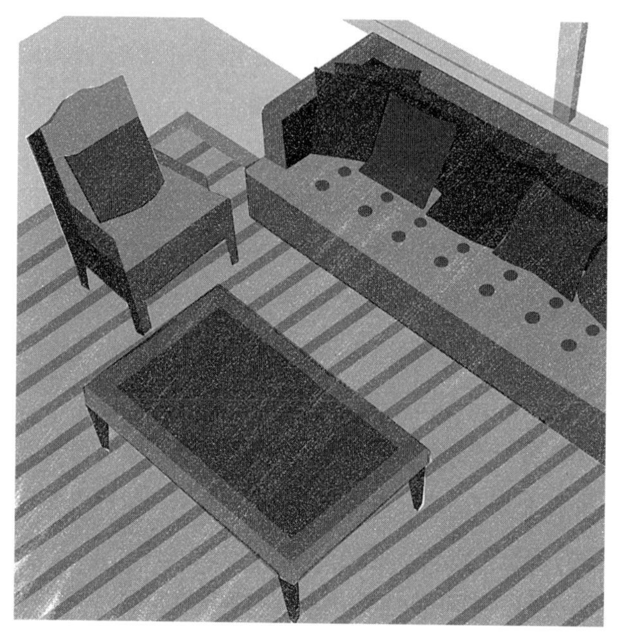

创业是做比在公司打工更让人身心疲惫的事，从媒体看到的种种光鲜不过是百里挑一的故事，但如果怀着简单的理想和心态，创业本质上其实是非常有创造力和活力的生活方式，你花费的每一丝心力、每一点细微的推进都会让自己明显感受到成长。

如果为了挣更多的钱、尽早实现经济独立，那应该选择去朝阳行业中的大公司工作，沉浸在行业中成为专家。而如果你心中充斥着不安分、想挑战自己的极限，那么，创业也许是条可以尝试的路。但走上这条路之前，要想清楚是否愿意做出牺牲并承担它所带来的种种责任，这里的牺牲包括休息的时间、与家人朋友恋人相处的时间、在职场上的机会、经济上的入不敷出等。

从0到1的过程是最难的，我们现在仍然在经历。有时真的非常着急，想赶紧把平台搭建好，进入推广阶段。但急不能解决问题，反而会帮倒忙，急躁的情绪容易传染，每当此时，我就逼着自己深呼吸，或者跑跑步、吃点好吃的，用各种方式减压，使自己冷静下来。情绪的疏导其实是人生非常重要的课题,要积极面对工作生活中的不悦。

当我看到我的同学们已经拥有一份稳定的工作,生活也相对稳定的时候,有过对自己的决定产生怀疑的瞬间,但是我相信,付出的越多,收获的也会越多。这种信念是我今后遇到困难时坚持下去的动力。

## 最重要的是信任

寻找合适的合伙人是创业最重要的事之一,也是考验创始人能力和威信的一种方式。一般找人最直接的途径就是老同学,参加工作后就是同事,总之大家互相了解互相信任,才能一起做事。团队的组成也要分工明确、各有特长又不失全面,加之性格上的互补。

我的老同学愿意帮助我,有一部分还是因为上学时的情谊。记得那年我们赶上了首都师范大学50年校庆,集体活动格外多,光是篮球赛就有好几场。那时候,我也是系里篮球队的一分子,只要我们有比赛,全班都会前来给我们男篮加油,同学之间非常团结。还记得那时,虽然我们系很小,但是气势却不比其他大系弱,呐喊声和加油声充斥着赛场。正是这份情谊让我在之后的创业中得到了很多帮助,在创业期间,也会时不时想起大学时度过的美好时光。

工作之后,认识的人群就更加多样化了,不仅仅是中国人,和外国人也能成为好朋友。对于我们这样国际间的项目,外国友人的帮助十分重要。多个朋友多条路,在创业过程中尤为适用。

团队合作中最重要的就是信任。很多时候,团队遇到困难会争吵、意见不合,之后导致心不齐,信任的意义就在于意见不合之后,大家还愿意坐在一起出谋划策,不断沟通协调。但不是任何团队都会从黑暗走到黎明,也许会有人半路决定离开去另谋高就,此时不要怪罪和埋怨,而要多点祝福和感激,然后收拾心情寻找替代者。当感觉团队中有人不适合继续或者影响到项目前进时,也要果敢地给出判断和决定。

以我们为例,我性格偏沉稳,在整体项目运营和营销策略上有一定经验;我的合伙人有激情、有胆识,在市场拓展上有经验,我们的合作就能达到平衡,各司其职又能互相给予协助:我以修炼内功为主、辅助拓展市场工作,她负责对外事务并对运营提出建议。

## 在迷茫中寻找方向

在确定方向的过程中,有很多次的争吵和迷茫:是先以中国留学生为目标群体还是以外国留学生为目标群体;是要先找投资还是先把产品上线;是技术外包还是找人兼职;是把模式做轻点还是以服务为主做得重一点……每个问题说大也大,说小又小,取决于你如何看待。

以做轻还是做重这个问题为例,我们仔细研究了一些类似项目和平台,也参考了其他行业的模式,但还是在轻重的问题上犹豫不决:将我们的平台做轻能够更快规模化;做重就要提供更深入的服务,对于目标群也更有吸引力。于是我们和潜在客户、同行前辈、投资人等进行沟通,从多方面获得意见与反馈。虽然这个问题经过了长时间的决策,但却是非常有意义的。一个项目雏形的建立,需要不断打磨推敲,也需要有足够的耐心。此外,是决定以技术为导向,还是以服务为核心,也要基于创业者自己的能力、经验等资源来进行分析。

我们决定开始 Ourpair 项目,是基于我们曾经共有的经历,在国外的留学经历中很重要的一环就是找住宿的地方,一般来说住宿的地方就是学校公寓、整租公寓、寄宿家庭(与当地人住在一起)。我们都有过后两者的住宿经历,想找到合适住宿的地方并不容易,如何解决大家这方面的问题是我们最初的着力点。于是,我们经过对目标群体的调查和研究,确定了这方面的创业方向。

既然这是一个全世界学生在异国他乡都会遇到的困难,那我们所搭建的平台就是非常有意义的,也许在日后,项目的发展会有变化和修正,但大方向上是不变的。

## 采访手记

在采访朱硕师兄的过程中,我们感受到了他强大的亲和力。也许正是因为这一点,才会有这么多人信任他,愿意与他合作。此外,他在大二的实习经历中,能主动学习大企业的运营模式,这种进取心是创业大学生应该具有的品质。大学毕业后,他选择了出国。出国有利于学习不同的文化,掌握与人交流的方式,同时也能认识很多志同道合的朋友。他的创业初心向创业者证明了,选择自己感兴趣并且适合自己的道路,更容易实现自己的梦想。或许,朱硕的创业决定被认为太过冒险,但他是在深度剖析自己性格和兴趣、了解企业运营模式,同时找到人脉支持后,才做出的决定。所以有志创业的大学生,不要以为创业是一种冒险,只要有充足准备,创业风险其实并没有想象的那么高。

**采 访 人:**王　琪　教育技术系 2013 级
孙婧琦　教育技术系 2013 级
**指导老师:**冯海燕

# 刘琳琳:让世界多一点幸福

刘琳琳,2009年毕业于首都师范大学文学院汉语言文学专业,现任曼陀罗彩绘治疗专家、GCDF全球职业规划师、国家二级心理咨询师。自主创业,现在团队中有全职老师19位,签约的兼职心理老师和心理咨询师近一百位。现工作内容主要分为心理咨询和职业生涯规划两个方面,即针对企业管理层、政府、社区、中小学心理辅导团体、农村小朋友等等。她柔软而又坚定,希望通过自己的努力,通过自身习得的技能,提高大家生活、工作、学习的幸福感,也让大家对生活的意义和目标有一个更加清晰的认识,让这个世界多一点幸福。

# 创业的萌芽

在我还很小的时候,就有了创业的欲望。现在看来,当时的行为很稚嫩,更应该称为前期的实践吧。

> 创业是一种生活方式和思维方式。

初中每个学期的开学前,我都会独自一人,背着一个大大的包,坐晚上出发的火车,在漆黑的夜色和火车的颠簸中去往离我家最近的那个城市。大概 10 个小时之后,我会在清晨 6 点左右抵达,迎着朝阳匆匆去往批发市场。找到摊位、选购货物、跟摊主讨价还价、清点货物……我只有 2 个小时来做这些事,2 个小时之后,我就得匆匆赶到火车站,坐上回家的火车。之后,我就会在开学前去学校门口摆摊,贩卖我批发来的文具。贩卖文具的收入足够我支付下学期的文具以及课外书的费用,甚至还能用来支付学费。除了卖文具,我还收学生进行一对一辅导,内容包括文化课和我从小就学习的乐器。当时我的学生最小的 2 岁多,大的甚至有 60 岁,我教的课程有语文、数

学等文化课,也有电子琴、钢琴等音乐课,甚至还有公文写作这样实践性特别强的课。一直到大学,我也仍在继续对学生进行辅导。正是因为我从小就有这种创业的欲望,以及我之后给不同年龄层的人做不同的培训,才使得后来的我真正走上教育和心理辅导方向的创业路。

进入首师大读书之前,我其实已经在南方一所大学就读三个月,后来因为一些原因退学重新高考,最终在命运的安排下来到首都师范大学文学院。当时我们班很特别,是在文学院第一个试点的实验班,也是文学院的第一个非师范班,所以我们的学术性和专业性都非常强。我在大学修了很多不同种类的课程,除了本身的专业课,还有数码设计、音乐学、职业规划、心理健康等等与我的专业并不相关,甚至在当时很多人看来是鸡肋的课程。但是这么多不同种类的课程极大地拓展了我的视野,对我产生了不同的启发,对我今后的工作也产生了非常大的影响。打个比方,我非常有幸在10年前就得到当时一个音乐学院的老师关于"交叉学科"的熏陶,使得我能在现在的工作中运用学科间的渗透来教学,最终取得了意想不到的效果。

在大学生活中,我也参加了很多学生活动,这些经历在我的人生道路上添上了浓墨重彩的一笔,也对我今后的生活、工作提供了巨大的帮助。不得不说的就是辩论赛和中文演讲比赛,极大地锻炼了我的思辨能力和语言表达能力,让我获得了商业合作和会谈中最需要的能力。还有我在广播站的经历,使得我在大学就了解怎么选题,怎么备文案,怎么组织语言,怎么与他人沟通……这些经历为我现有的思维方式做了一个极好的铺垫,给予我灵魂全方位的滋润,让我得到了全方位的成长,从而使得我现在工作起来更加顺畅。

## 把艺术融入教育

大学毕业后,我把当时非常好的工作辞掉,去拉萨待了一个月。每天看着布达拉宫的人来人往,看着天边的云卷云舒,我就坐在那儿静静地发呆,想着我的一生应该怎么度过,我该以什么作为我一生从事的事业。有一天我看着布达拉宫,突然脑海中就蹦出来一个特别坚定的想法:我要从事教育事业!

于是我开始接触大量的学生和家长,并用自己理解的方式,带着对教育的热爱和善良去关注我的每一个学生。我会约家长们见面,了解在他们的家庭生活中是怎么与孩子相处的,同时,我也会将我在课堂内和课堂外所了解的事情与家长分享。慢慢的,我发现每个家庭都存在着或大或小的问题,家长虽然非常急切地想帮助孩子,但他们却缺乏教育的理念和方法,因此导致了沟通不对称。后来,只要时间允许,我就会约家长出来见面或者借助通信工具与他们进行交流。通过我和家长们的共同努力,一个非常没有自信或者特别粗心的孩子会产生很大的变化,渐渐与之前的他判若两人。

当我们开始真正跟自己的心在一起的时候,我们会变得更加敏感与智慧。而这时候,真的能够心想事成,因为会有很多好运气是自动找上门来的。

孩子们的改变让我喜不自禁,我也慢慢地开始思考:我对教育事业真正可以奉献出来的一份独特力量是什么?我是不是应该通过另一种方式给予我的学生更本质更直接的帮助?我得到了答案,开始慢慢地将我的教学中心转向心理学。那几年我拥有两个工作室,一个工作室以语文学科、传统文化为教学重点,希望孩子们作为国家的未来不要忘记传统文化;另一个则以心理咨询、职业规划咨询、家庭教育咨询、父母课堂等为主要课程,旨在让孩子和家长都生活得更加幸福。这两个工作室相辅相成,我将在学科方面的教学经验用于咨询和研究,也把心理学的很多方法创新性地应用于教学,比如把戏剧治疗、音乐治疗的方式用于学科演绎,通过这样的方式,学生的积极性和参与度提高很多,学习成果也比传统的授课方式好很多倍;我们也会带学生去国子监等北京市著名的人文景点进行游学的活动,开展丝路游学支教的夏令营;除了把学科教学和心理、家庭教育结合起来之外,我们也将城市和乡村的教育资源进行共享,非常独创性地鼓励城里的中小学生,让他们站在农村的讲台上,创造两方孩子彼此交流的机会。

因为我在很小的时候就学习过绘画和音乐,所以在我的成长过程中,艺术是很重要的一个部分,而且在从小的教育实践中,我发现如果把艺术融入到看起来非艺术的学科里,往往会有惊艳的效果,所以近几年来我将以曼陀罗彩绘为主的艺术治疗作为个人主讲课程和专攻内容,希望通过感官的综合作用,来帮大家把生活变得更加幸福。国内大部分老师做的艺术治疗更偏向于理论和人为干预,而我更倾向于另一种艺术治疗:强调每一个人都是自己生活的专家,我们都是独一无二的个体,没有两个人是完全一样的,每个人都有自身最独特的部分,而我们就是要找到这个人身上最独特的部分,由此来帮助他实现成长和蜕变。因为我们过去太强调脑的思考,太强调理性的思维,所以对于体验性、感受性的东西关注得非常少,这导致了我们身与心的割裂,而这种割裂越严重,也就越会阻碍我们在工作、生活上获得的成长和幸福。因此我们的艺术治疗会有很多的实践而较少有理论。

我坚信,当我们开始真正跟自己的心在一起的时候,我们会变得更加敏感与智慧。而这时候,真的能够心想事成,因为会有很多好运气是自动找上门来的。

## 生命的新开端

没有人可以一帆风顺,我也一样。2013 年我怀孕了,我的家人都希望我能在海南好好养胎,我也设想着能将父亲接到海南养老,我孩子的童年能在美丽的海边度过。所以,我将北京的业务交给同伴打理,然后带着自己在北京工作时积攒的所有积蓄,充满憧憬地跑到了海南,在那里投资了一个占地面积 400 平方米的身心成长会所,希望能将在北京已经非常成熟的课程和服务体系带到海口,也将我的理念带到海口。但是后来很遗憾,由于对合伙人并没有进行深入的了解,也由于没有做好万全的法律准备,这一次的结局很悲惨。

> 不管是创业,还是想做好某一件事,一定要付出辛苦。

对于我来说,最让我难过的不是失去了所有的积蓄,还背上了比较沉重的债务,而是人与人之间的信任问题。我曾经对很多人都很信任,也正是因为这样我能和别人很快地建立一种很好的关系。以前的我很幸运,没有遇到过坏人,但是这次我却遭遇了成长史上最大的一次挫折,这一次的经历让我用了将近两年的时间才从阴影中走出来;但是这次的经历也让我发现,这个世界上没有坏人也没有骗子,如果我们自己可以做得很好,就不会被骗,也不会遇到坏人。

对于自己而言,当初会出那么大的问题,我并不是完全没有感觉,但是我还是选择用比较懒惰的方式去对待,所以出现这样的情况是一个必然的结果。这次事件之后,我也更深刻地体会到不管是创业,还是想做好某一件事,一定要付出辛苦。没有人能躺着把钱赚了,所以当你一旦想要去偷懒或者想要去减少自己工作量的时候,往往也是悲剧的开始。

这一次的跌倒让我对自身进行了一次重新梳理,也是生命的一个新开端。今后在做任何事情的时候,我都会做得非常规范,从法律条文到相关合同协议我都会付出非常多,只要是在我职责范围内的,我都会努力去做好。当我这样做了之后,再有新成员加入,或者有新的方向要开展的时候,我就不会那么被动。

我的导师曾经说过,女人有三次生命,第一次是出生,第二次是出嫁,第三次是为人母。我在 2013 年走入婚姻的殿堂,也在这一年成为母亲,生命中迎来了一个新的阶段,算上我遇到过的那次挫折,这一年我一共经历了三次新生。在我的孩子满 50 天后,我和我的家人回到北京,重新租了场地,重新开始。

作为女性创业者,与男性创业者相比,面对的挑战会更大。对于孩子,我选择了母乳喂养,所以在回到北京之后,孩子就由我们夫妻来带。在那段时间,我相当于一边带自己的孩子,一边带公司这个“孩子”。也是在这个过程当中,我深切体会到“母亲”这两个字的重量和意义,这个时候更是要考验一个女性的智慧:怎么平衡事业与家庭,怎么快速度过产后情绪不稳定的阶段;如何成为一个有智慧的母亲,如何去把这一切做到最好……对我来说,这个课题到目前为止还是一个非常大的挑战。这两年的工作中,我也做出了很多取舍,希望在孩子人格形成的关键期,我能够给予他更多高质量的安排。

经历了三次新生，我真的非常感激我选择的这个方向，也很感激心理学对我的帮助。我也希望能让更多的人变得幸福，获得成长。

## 回首每一处风景

> 现在的社会已经不再是简单得拼财力、体力、智力或人脉了，拼得更多的是人格魅力，是影响力和感染力。

回想起当初填报志愿，其实真的很有意思，当时我征求母亲的意见，她给了我两个建议：医生或者老师。母亲这一生过得非常不容易，所以她希望女儿能有一个稳定且不会被社会淘汰的职业，然而我当时非常坚定地摇了摇头，不想当医生是因为医生要面对骨骼、血液，我胆子小；不想当老师是因为当时我特别有雄心壮志，想着将来要当一个女企业家。但是非常有意思的是，走到今天，母亲当时提出但我没采纳的意见似乎都应验了。一方面，我会到企业、高校、中小学去讲课；另一方面，我虽然不是拿手术刀的医生，但我诊治心灵。所以真的就像之前说的，我相信一切都是命运最好的安排。

在我自身的创业过程中，最想要分享给学弟学妹们的感触就是：现在的社会已经不再是简单得拼财力、体力、智力或人脉了，拼得更多的是人格魅力，是影响力和感染力。而我们要怎么获得人格魅力、影响力、感染力呢？其实它们就来自我们从出生到现在认识的每一个人，看过的每一本书，走过的每一段路，经历过的每一处风景。我也建议学弟学妹们充分利用大学里的各种资源，像首师大的心理学就特别好，首师大对职业规划这一块也非常重视，推荐大家在校期间可以去找相关老师谈一谈，甚至可以去做一次正式的咨询，真的能少走很多弯路。

回首在母校的四年，我可以骄傲地说我没有浪费过一分一秒，我过得非常充实与满足，在这里也希望学弟学妹们都能把握大学的美好时光，不负韶华，学有所成！

## 采访手记

对姐姐的第一个印象是她那非常好听的声音,软软的让人觉得很舒服。在接下来的深入接触后,觉得姐姐的内心特别柔软但又非常坚定。她想通过自己的方法和理念让大家提升幸福感,她想让迷茫的人找到生活的目标,她也想让贫困的孩子们共享城市的教育资源……她很温暖,就像冬日的暖阳,让周围的人感觉暖洋洋的非常舒服。她对自己的目标很坚定,就算跌倒,她也会收拾好自己的心情,将其看作自己的一次新生。姐姐以她自身的经历告诉我们:有梦就去追,不要虚度年华,通过自身的努力成就一个更好的自己,我相信这也是她对我们发自内心的期望和祝福!

**采 访 人:**华佳莹　文学院秘书学专业 2014 级

**指导老师:**陈　晨

# 吴坚:寻找那条路

吴坚,2010 年毕业于首都师范大学政法学院劳动与社会保障专业。2013 年 11 月 13 日,吴坚与合伙人一起创办的北京国华汇银科技有限公司以 3000 万元人民币的价格被上市公司银河天成集团收购,这一年,吴坚刚满 30 岁。一个毕业刚刚三年、创业资金不过 3 万元的年轻团队在这短短 3 年时间里,从 3 万元到 3000 万元的收益,让吴坚一时间成为大学生创业的典范。不过他自己却不太习惯以创业者自居,在这片全民创业的热浪中,他找到了自己的位置和步伐。从不抽离的严谨和冷静,以及和团队之间的默契与信任,都是他在这场战役中的制胜尖刀。

## 只为找到最好的状态

大学毕业到现在,做过不少事情,也积攒了不少经验,可我从不觉得自己是一个典型的创业式人物。跌跌撞撞走来的这一路并不是为了那个辉煌的终点,而是为了走那条路,那条让我充满热情的路。

为什么说我不是一个典型的创业式人物呢?在很多创业故事里,主人公在学校的时候就会展露出桀骜不驯的性格和敢想敢干的冲劲,这些在我的人生道路上倒从没有过。我大学里学的专业是劳动保障,我的第一份实习工作是在原北京市宣武区的社保局,专业对口,工作环境安逸,老实说我在里面做得挺不错的。那时候就觉得今后铁定要干这行了。直到有一天我坐在办公室里,看着身边同事们埋头工作的样子,听着穿梭在办公区与茶水间匆匆的脚步声,我突然就联想到了自己十年后的样子,那种感觉把我吓了一跳。工作的稳定和安全感不仅没有让我踏实,反倒给我带来了一种恐惧。那一刻我发现自己并不适合出来踏踏实实找一份工作,自己坐不住、好动,或者说,是我的心总是躁动着,这种安逸不适合我。我喜欢出去走走,去发现路上不一样的风景,于我来说,创业就是从那种安逸中走出来,去寻找到那条路,那条带我看到更广阔世界的路。我需要在这种不断追求新挑战的状态里找到对于这个世界的热情。

跌跌撞撞走来的这一路并不是为了那个辉煌的终点,而是为了走那条路,那条让我充满热情的路。

那就出来创业吧。

这就是我创业最简单的动机,放弃工作出来创业并不是因为名利,就为了找到一种适合自己的生活状态,直到今天也是如此。

# 跌宕起伏的旅程

虽说选择了创业，但两眼一抹黑的我对于能做什么、需要做什么完全没有概念，当时心里只有一个念头：走出去，闯闯看。

于是，在朋友的邀请下我开始了创业初体验，加入了生平第一个创业团队。那是一个类似于蔬菜“宅急送”的公司，公司刚刚起步，算上我一共就五个人。那时我结结实实体会了一把创业的辛苦。

我主要负责的是公司销售与配送的两项基本业务（那时候只有俩人），几乎每天都需要跑一百多公里，去农场查看产品、跑市场负责销售。开始倒也忙得不亦乐乎，也乐得辛劳。但是做了一段时间后，我发觉总是在运输、销售这样一套死循环里不断重复，觉得没有学到实质性的东西，也无法融进核心团队，感觉又是在打工，心里头那股子创业的热情始终没有被释放出来，最终还是选择退出了。也正是在那段时间里，我开始有意识地思考将来自己的创业方向。

我把目光瞄向了勃兴的互联网金融产品。大概也是缘分吧，我的想法和刚刚从美国毕业回来的高中同学（也就是现在的合伙人）不谋而合。朋友一直在金融领域，而我把更多的关注点放在了通信的发展，互联网金融让我俩有了合作的可能。

那时正好赶上联通在写字楼里做可视电话的推广项目，但因技术限制，没办法解决网络平台支付的问题，得知这个情况我们头脑一热：不如我们来解决吧。现在想想当时的想法真是特别天真。凭借朋友在金融领域的资源和经验加上我对通信领域的了解，我们决定干脆就把支付和通信结合起来，最终这个简单的想法成为我们创业的方向。我们一共凑了 3 万块钱，就这样正式开始了属于自己的创业旅程。

就在我和我的合伙人快把这 3 万块钱晃荡完的时候，我们幸运地遇到了第一个天使投资人，他给我们的项目投资了 35 万元，当时我们真的特别兴奋,这是我们赚到的第一桶金,坦白说对于毫无经验的我们来讲,这似乎是一件“天上掉馅饼”的事儿。在我的理解中,投资人是看中了我们的领域,我们天真而草率的想法,可能最终被证明是“具有独特的眼光”的创意。但是,因为我们在投资运营方面经验不足,再加上团队方面的问题,一年多以后就难以维持了,于是这个项目被搁置了。因为我们选择的是支付行业这样一个新兴行业,后来我们很快就又遇见了新的合伙人,于是,我重新整理已有的经验,创建了现在的这家公司。这时候我才觉得自己的工作走上了正轨。

我经常自嘲之前是在胡闹,但是现在看来,这种“胡闹”或许正是为你的创业铺路,是你选择了这条路后就必然要经历的一个过程,也许这正是创业的魅力所在。

“胡闹”或许正是为你的创业铺路,是你选择了这条路后就必然要经历的一个过程,也许这正是创业的魅力所在。

## 找到自己的位置

师弟师妹们也许会好奇,创业都是很艰苦的奋斗过程,怎么会不知道说些什么呢?其实这也是我说自己是“非典型”创业的另一个原因,因为在整个的创业过程中,即使是遭遇失败,我也未曾经历过捶胸顿足的自怨自艾,更讲不出艰苦卓绝的催泪奋斗史。失败或者成功对于我来说更像是一个不带感情色彩的客观状态,这也是我一直追求的“宠辱不惊”的状态,创业就像在坐过山车,跌宕起伏,如果缺少一种无论发生什么都能勇敢坚定的心,这份事业可能就真的难以坚持。

我们很幸运地没有让自己最初天真的想法惨淡收场,但也仅限于不惨淡。3000 万元被上市公司收购的成绩不代表我们在各方面都做得非常到位;相反,在团队建立之初的历史遗留问题到现在也未能解决。我在这里讲述自己的创业故事,绝不是为了鼓励大家“我行,你也行”。相反,我说我的创业是“非典型”的,恰恰是要强调,每个人、每个创业团队都有他们的特性，所以说成功是不可复制的，成功中最重要的因素就是机遇。我也并不赞同大学生看到创业神话备受鼓舞撸起袖子就要大干一番事业的热血，如果有重新选择一次的机会，我可能并不会大学毕业就出来创业，如果我继续在社保局，我一定会是一名优秀的公务员，在工作中，我会明白这个社会的制度与规则，积累人脉与资源，当然，最重要的还有创业资金。

创业需要找到自己身上最核心的动力，如果仅凭一腔热血，那么遇到困难很有可能就会退缩。有些人会直接告诉我创业的动力就是钱，那我会直接回答他，如果仅仅是为钱，创业绝对不是最佳选择，创业的本质也并非是一个“钱”字可以概括的。

创业这件事一定要想好了再去做，怎样去组建一个有战斗力的团队，怎样在最困难时咬牙坚持下去，怎么始终保持一种敢闯敢拼的激情，怎么去发现那个让你成功的领域。

从我的角度来说，除了开始认为自己不适合安逸稳定的工作之外，还幸运地遇见了和我非常合拍的合伙人。他比较有冲劲，敢想敢做，和我的个性互补：常常是一件事情，他激动地发现了发展潜力和市场；但是我就会发现这件事情不好的地方，比较严谨和客观。作为一个创业团队，特别是互联网创业，必须要有冲劲，但是团队中也不能缺少冷静谨慎的人帮助公司规避风险。所以我的合伙人更倾向于在外面谈业务，而我平时就负责公司内部的运营。大家各有特点，各司其职。虽然在这个过程中还是会出现摩擦，但是有了明确的分工和责任，你就能明白自己的界限，剩下的就是充分信任自己的伙伴。这就是我所谓的“找到自己的位置”，可能很多人会认为创业者必须具备野心勃勃、冲劲十足等特质，但其实没有这么狭隘，像我这种严谨、冷静，但同时比较感性、重情重义的人，也是创业团队里必不可少的。

## 初心未曾改变

有很多朋友问我：“创业给你带来了什么样的改变？”我的回答总是模棱两可。因为无论是否创业，人都是在成长的，成长就意味着很多事情在发生改变。但是我不确定哪些改变是与创业息息相关的,或者说,这些年来我身上的改变全部都与创业有关,因为它和我的成长已经相生相伴了。但我还是更喜欢说自己没变,创业的初心始终未曾改变,作为一个还在路上的创业者,我会时刻提醒自己,我们才刚刚上路。

就在我创立的这家公司被上市集团收购后,我就开始考虑下一次创业的发展方向了。有很多人劝我别太冒险,否则现在既有的一切都可能成为泡影。这就是我一直在思考的一个问题:我创业究竟是为了什么?如果按照金钱标准定义创业成功的话,一个刚刚毕业几年的年轻人算是相当成功

了。可我的创业就是为了逃离安逸,是一条停不下来的路。所以我要去寻找更多的机会去发现我更感兴趣的领域,去寻找新的项目和合适的机会,想要创业的初心和热情并不会因为我赚了多少钱、有了多少资源而冷却,相反,它会一直鼓舞着我在这条道路上继续向前……

## 采访手记

吴坚的创业路似乎与我们畅想的不大相同，在他的叙述中似乎少了些在商场中跌宕起伏的大场景。诚然，创业的过程就像坐过山车一样，跌宕起伏，前一秒成功就在你眼前，下一秒你就有可能面临困境，困境可能来自外部，可能来自内部，可能来自自己，很多时候你可能无法改变来自外部的现实，所以你只能时刻提醒自己保持一颗平常心。就像吴坚自己说的那样，并没想着要成就怎样的业绩，只是喜欢这样的生活。

**采 访 人：**李　然　政法学院2012级
唐　潮　政法学院2014级
**指导老师：**王　彤

# 李阁:我要做唯一的奇迹

李阁,2010年毕业于首都师范大学美术学院艺术设计专业。从身无分文到车房兼备,再从富有到负债,又从绝望到再见曙光,北京小泽画室校长李阁通过不断思考与不懈坚持完成了自己的成长。他也许不聪明,但是他会思考,懂坚持。

# 梦想开始的地方

大学期间我结识了三个好兄弟。最好的朋友是艺术市场专业的宋凯，毕业后在保利拍卖公司工作；孙启伟是我们画室央美校区的负责人；陈凯龙是鉴宝节目邱晓军老师的入门弟子，在潍坊从事艺术品投资。四兄弟中我年龄最小，一路上的成长，源于他们对我无微不至的照顾。

因为喜欢画画，我大一便开始开画室。当年艺考的目标是清华大学美术学院和中央美术学院，高考因为文化课差距而与之无缘，在首都师范大学，大一时我就曾两次提出退学申请，班主任严厉拒绝并告诉我学校不会埋没任何一个人才。从此我便给自己设定了两个目标：一是要在大学把画室做好，二是要坚持做事。

画室在我们的用心经营下，慢慢有了起色，员工中不乏清华美院、中央美院等学校的毕业生。我开始慢慢喜欢上首都师范大学，也明白了班主任对我的教诲，其实大学只是个平台，要想飞，还需要自己去翱翔。

赚钱买房、买车的虚荣心是我最初创业的原始动力，在经营画室的过程中我时刻告诫自己不能倒下，更不能让别人看不起。经过努力，在大二时，我便拥有了第一辆汽车，此后的自己更加自信，更加喜欢创造奇迹。

但是2009年，由于经验不足，大三时的我被人欺骗，导致欠债40多万元。几天时间，之前的车、房全部抵押。

面对债主的天天追款，我无助到绝望，时常问自己这条路还能不能坚持，到底应该怎么去坚持，我还要不要做这个行业，如果做，该怎么去做？

最痛苦的时候，我回到以前的画室——北京零一零美术培训中心，不断反思自己：2005年的我只身一人、身无分文拉着行李箱从家里来到北京学习，开始住地下室，后来在这里学习，这是我梦想开始的地方。如今的自己依旧身无分文，如果有梦想、有魄力，我就应该重新站起来，否则，我怎么给自己一个交代？

那一刻起，我想通了，跌倒了又怎样，被骗又怎样，负债累累又怎样，我要站起来，勇敢地站起来，做一个全新的李阁。那天晚上回去后，我就开始学着做规划，自己拼命赚钱，同时向朋友们筹款，终于在一年时间里将 40 万元还清了。

第二年伊始，我开始明白了一个道理：不应单纯把做画室当成一种教育行为，更要把它当成企业去经营。于是我报班学习管理，不断提升自己。终于，我们小泽画室迎来了一个个飞跃：学生从 40 人发展到 80 人，从 80 人发展到 120 人，又从 120 人发展到 300 人。

## 思考与坚持

在这个行业里，我看到了很多不可能的事，我要把它变为可能，我要做唯一的奇迹，所以我提出明年 800 人的生源目标。人不光要往前看，有时候退回来看看自己走过的路也是一种享受。从 2006 年到 2009 年，那几年做画室是盲目的，而现在我们有明确的企业目标：一定要做北京拔尖的画室。一旦有人来北京找画室，能立刻想到小泽画室，这是我的动力，也是我的事业。我要全身心投入其中，我相信我能成功。

我可能不够聪明，但我善于思考，我能坚持，每个人都会遇到困难，但只有困难才能磨炼人，毕竟山穷水尽疑无路，柳暗花明又一村。

我很喜欢写东西，办公桌上有 6 个本子，内容多以感受为主。翻开 2009 年的本子，里面写得最多的就是坚持以及自我鼓励。人越活越孤单，我在记录东西的时候不只是一种心理活动，而是真的在和自己对话。感谢它，陪伴我一起渡过难关。

困难或迷茫每个人都会遇到，但最终还是得依靠自己去解决。

困难或迷茫每个人都会遇到，但最终还是得依靠自己去解决。我在累的时候喜欢玩象棋，因为象棋也是一种博弈，就跟做画室一样，在过程中你可能会损失兵卒，但最终，要的只是一个结果。

大学时光是美好的，每次我们四兄弟聚会，都会首选首师大，在夏晨广场吃炒饼，在篮球场打篮球，甚至去大学澡堂洗澡，大学期间日常生活的点点滴滴对我们来说都是永远的回忆。

## 采访手记

李阁师兄能够将小泽画室做到独树一帜，值得学习的主要有以下几点。

一是坚持。九年时间，他没有放弃过自己的理想，即使风雨兼程，也要驶向远方。在一无所有并且负债累累的时候仍旧不放弃，除了梦想便是信念的支持。即使慢，也驰而不息；纵令落后、纵令失败，但一定可以达到他所向往的目标。

二是勤于思考。在困难时期没有自暴自弃，而是去想解决问题的办法，在不断探索中追求新的教学模式，形成富有特色的教学。患难与困苦是磨炼人格的最高学府,世道必进,后胜于今。比别人思考得多一点,那么收获的也会比别人多。

三是珍惜友情。大学时期经营的友情一直延续到现在。患难见真情,在最困难的时候身边是兄弟。人之相识,贵在相知,人之相知,贵在知心。知心者,便可共大事也。他们就是一个团队,永远在一起,永不掉队。

**采 访 人:**高红辰　美术学院2012级

**指导老师:**邵　帅

# 关鸿亮：建立“地图图书馆”

关鸿亮，生于1969年，湖北仙桃人。武汉大学环境科学系学士，日本东京大学应用动物科学专业硕士，2010年获得首都师范大学地图学与地理信息系统专业博士学位。

关鸿亮于2006年创立北京天下图数据技术有限公司。天下图注册资本2917万元，是由四维航空遥感有限公司等股东共同发起成立的一家国家高新技术企业，具备国家甲级摄影测量与遥感、甲级地理信息工程、甲级测绘航空摄影、甲级互联网地图服务等资质，业务覆盖全产业链的综合空间信息服务提供商，已成为全国最大的航空遥感中心、全国最大的无人飞行器遥感中心、世界最大的像素工厂数据自动化处理中心。2010年，公司被评为“中国地理空间产业十大最具成长力企业”；2011年，入选“国家火炬计划重点高新技术企业”；2013年，在香港联合交易所上市，成为业内首家在香港联交所上市的企业，并在浙江、云南等地设立分公司。

## 为目标坚持

校园时代的生活为我们提供了知识和新奇想法，让创业这颗小小的种子萌发出嫩芽。

我本科学的是环境专业，毕业后被分配到北京工作，人生的第一份工作始于北京市化工局，主要从事水处理工作，经过单位层层选拔得到了一次赴

日学习的机会。

当时恰好是我结婚的第四个月,就开始了赴日留学生涯。留学对我而言是一次珍贵的机会,同样也是一次磨砺。当时通信设备欠缺,在国外很难和家里通电话,而且由于语言不通,也没有什么朋友,那两年的时间里,我在日本过着最底层的生活,没有固定的工资,只能靠送报纸维持最基本的生计,利用空闲的一切时间学习日语。沉重的物质压力、精神负担像两座大山压在我的身上,独自面对陌生的国度让我充满恐惧、孤独和绝望,但还好我坚持下来了,现在想想也非常感谢那段岁月,让我的意志力更加坚定,抗压能力更强。

这次留学结束后,我回到北京,做了个大胆的决定——辞去北京的工作,再次赴日读研,并且专业改为环境学的子学科——生物多样性,主攻鸟类迁徙。在研究生课题组中我发现有大量的野外观察采集的数据,却没有人去处理或应用,我觉得很浪费,于是就想将闲置着的科研数据充分利用起来。但说实话,我也不知道对这些数据该如何下手,最开始阅读一些文献,知道了地理信息系统(GIS)可能对处理这批数据有帮助,但是我所处的学术圈中没有人会这项技术,所以我只能一个人跑到工学院旁听 GIS 相关课程,自学掌握 GIS 原理、方法及软件。后来,我的硕士学位论文做的也是这个方向,用 GIS 的手段分析该地生态、鸟类环境及其习性,这不仅给我带来了全额奖学金,还为我在一个新领域中的开拓积蓄了动力。这是我第一次接触 GIS,也是我求学期间的第一次跨界。其实,在跨界过程中,我也想放弃,因为周围没有人尝试过这个领域,倘若我研究不成功,有可能根本就无法毕业,谈何成功? 但是我坚持下来了。真正的压力源于自身的不甘平庸、自身的努力上进,想要取得成绩,为了这个目标就要坚持。我在求学中本着这样的想法,在工作中也一直贯彻着。

求学经历对于个人智慧的提升、人生观价值观的塑造有着重要的意义,而工作经历为人们提供了一个运用专业知识造福社会的极佳平台,通过这个平台,我逐渐褪去了学生时代的稚气,那些校园中所汲取的知识开始沉淀,同时我也开始了解社会、思考如何造福社会,社会责任感更加强烈。

> 真正的压力源于自身的不甘平庸、自身的努力上进,想要取得成绩,为了这个目标就要坚持。

## 技术促进转型

留学毕业后,我就职于日本最大的一家环保公司。这段岁月是我在日本最开心的一段时光,原因很简单,就是可以经常去野外。我做的主要工作是:研究修建大坝对于生态系统的影响。在工作中需要绘制出一套精确的动物核心区和缓冲区地图以保障将大坝的修建对生态系统的影响降到最低。传统的方式是:每天通过望远镜观察研究区候鸟类行为,通过野外勘探统计当地的坝区有多少只猛禽,进而根据实际勘探结果绘制动物核心区、缓冲区地图。那么就存在一个问题:每年在野外勘探过程中耗费大量人力、物力、财力,而绘制地图的结果却往往停留在定性分析上,主观性太强了,而且没有加入统计学的内容和生态学的观念,量化分析的程度较低,就使得整个

过程中的性价比极低。于是我开始思考:可不可以综合运用 GIS 和全球定位系统(GPS)技术提高野外勘探效率、节省数据处理成本呢?答案是肯定并且是可行的。当时,我把之前所接触到的 GIS 空间分析的功能与工作内容联系起来,借助当时的“GPS 设备”(将信号采集仪器绑定在鸟类爪子上,记录鸟类活动区域),用 GIS 软件将地形地貌的数据与鸟类的行为数据进行叠加,提炼核心区,并且加入统计学方法和相关性分析,制定了一套可行的算法,开发了动物行为的核心区与缓冲区分析的整个体系。最后结果还不错,运用我做的这个系统绘制出的地图与实地勘探情况基本一致,节省了项目研究成本,也提高了工作效率。

这次成果引起了日本一些 GIS 企业的关注,日本知名 GIS 企业博思科(PASCO)主动和我联系,想让我去他们那里就职,所以我就换了一份工作。在博思科公司期间我更加全面系统地接触到了“3S”(GIS、GPS、RS)技术。当时正逢“非典”时期,我组织开发了一个针对 SARS 的传染源模型,根据人口数据、医院数据以及传染源对疫情扩散区域进行模拟，相关结果可信度高达80%，得到了多方面的认可。这项成果让我感觉GIS技术确实可以很好地解决实际问题，我也更加充分地学习了GIS的方法及技术，促进了我的转型。

## 做自己的产业链

创业的过程和炒菜尤为相似，炒菜工具、食材等大同小异，而烹饪的手法却千差万别，没有一种万能的做菜方法，只要食客爱吃即是美味。厨师做菜需要有专业刀工、适宜的火候、配菜师的辅助，还要注意食客的癖好、菜肴的特色，最关键的是能让食客把菜吃到嘴里。创业亦是如此。

由于博思科总部要在中国建立分公司，于是我独自一人回国招兵买马，组建北京博思科空间信息技术有限公司（PASCO CHINA CORPORATION），并出任总经理。当时的工作内容是每天大量地给日本总部发邮件汇报情况，一天天过得非常累，加之权限较少且没有太多技术性工作，身心俱疲，所以我最终选择辞职。

创业的过程和炒菜尤为相似，炒菜工具、食材等大同小异，而烹饪的手法却千差万别，没有一种万能的做菜方法，只要食客爱吃即是美味。

虽然辞职，却不意味着这段经历没有意义。相反，我觉得这段经历促使我迅速成长为一名优秀的管理者、领导者，而不再仅仅是一位不断技术革新的优秀员工。正是这段经历，使得我对于市场的开拓、业务的处理方面更加熟练，更加注重与人之间的交流，并且极大地拓展了我的视野。在处理业务的过程中，我不仅接触到了GIS相关的市场，而且也熟悉了遥感（RS）及GPS相关的市场。在工作中我了解到中国对于地图数据处于保密状态，并且遥感数据的处理属于起步阶段，很多行业需要得到地图数据的支持，却苦于无法获得、无法实现高效率处理和应用，我了解到了遥感技术对于空间数据的快捷性，洞悉到了遥感在国内应用前景的广阔性，可以说，此时我开始萌发了建立“地图图书馆”的想法。

在从博思科中国分公司辞职后,我进入了四维航空遥感有限公司,这是我创业的第二个契机。可以说这里是北京天下图数据技术有限公司(以下简称“天下图”)诞生的摇篮。在这里,我发现国内大多数遥感公司的业务仅限于空间数据获取,而此时中国恰恰需要一条遥感产业链。为了创造一个“地图图书馆”,为各行业解决难以获得地图数据的缺憾,我决定做属于自己的天下图,做属于自己的一条链产业,做属于自己的“地图图书馆”。

在四维航空工作期间,借助四维的股份支持,我创建了天下图公司,你们可能会很好奇:当时创建公司时为什么不招兵买马,而是非要自己中途跑去读个博士?其实当时正好是四维航空这边有机会推选优秀青年到高校进一步深造,我想到我的公司中缺少“3S”技术人才,又因为我是公司高层,确实需要懂一些真正的技术,所以我就申请来到首都师范大学攻读地图学与地理信息系统博士,充实自己的知识。在首都师范大学读博期间,我主要跟着刘先林院士做机载干涉雷达,当时国内做这方面研究的学者还非常少。非常感谢在首都师范大学读博的那段日子,因为那段时光里,刘先林院士和宫辉力老师在学术方面给予我很多的思考;首都师范大学的学术氛围浓厚而且非常自由,使得我与实验室老师同学相处十分和谐;实验室良好的学习环境,使得我在学业上有很大成就和突破,这些成就为天下图公司的成立奠定了专业理论与技术基础,读博使我掌握了机载干涉雷达领域的前沿技术,同时也为之后天下图在无人机方向取得巨大成功积累了经验,因此非常感谢母校的栽培与鼓励。

关于公司命名,我琢磨了两个月才定下“天下图”。因为中国很多行业的实际应用需要地图却苦于没有数据,而天下图就是要解决这个问题,要做成地图领域的图书馆,拥有大量地图数据,以便更好地服务社会,这也是公司的最高理想。创业初期我也曾经遭遇过资金匮乏的情况,最严重时连发放员工工资都困难。资金、人脉、市场每一项都压得我喘不过气,有时候为了一个标段、一个数字整夜睡不着觉。其实在这个过程中,我也想过要放弃,但是我自己没钱无所谓,关键是底下还有那么多员工,怎么能没有工资呢?想到大家的信赖,还是一步步咬牙坚持了过来,总得做个有担当的人吧。

可以说,天下图成立之前,就已经有其他公司抢先占领遥感领域的市场,所以当时我想的是怎么能打开我的市场,让天下图能拥有大量客户?于是我引进了当时代表世界一流水平的海量影像数据加工系统——像素工厂,用一台机器来代替五六十人工作,工作效率提高了,产品质量也好,遥感数据的处理成本也降低了,并且由于价格相对较低,迅速扩展了客户,就这样才在市场中杀出一条血路,迅速占有国内数据加工市场50%以上的份额,业务覆盖范围甚至扩展到了日本、东南亚等国家。这为天下图积攒了大量的客户资源,也使得以产业链模式生产数据的方式变得不再遥不可及。

不要怕做你没有的、欠缺的东西,只要敢于尝试,就一定会有所突破。

天下图已经具备领先的无人机遥感、车载遥感以及倾斜摄影技术。应时代的发展需求,天下图将各种各样的地图数据汇集到公司,形成商业模式;然而天下图却又不仅局限于地图,随着大数据、智慧城市、云计算等的发展,天下图又开始扩展基于云计算提供的“地图+”服务;未来发展还会结合各种各样的技术,包括移动互联网、3D打印等。而这些都是为了服务地图数据库而衍生出来的技术,都是为了最终实现“地图图书馆”的理想而努力。由此,我感悟到,不要怕做你没有的、欠缺的东西,只要敢于尝试,就一定会有所突破。

我所做的一切都是在为了天下图的最高理想——建立“地图图书馆”而服务。我非常欣赏闻一多“言必行,行必果”的精神。正因为如此,我凡事喜欢亲力亲为,哪怕一路坎坷也要坚持着做到底。

虽然最初和我一起创业的其他五个人学历都不高,都仅有专科学历,但是他们执行能力非常强,交代的事情可以立马完成,这种较强的执行力正是天下图所需要的,所以,在选择创业合伙人时,我更注重这点。对创业者来说,不要让创业只是你脑海中一闪而过的念头,或者只是短暂的一段经历。

有梦就要坚持,绝对不能自我抛弃,看不清的未来,如果不亲身走一走,怎知前方没有出口。

我非常尊重每一位员工、每一位对手。尊重对方是为了彼此之间能够更好地合作,谋求更好的发展。在管理中,我注重人性化管理和员工自身价值体现,让每位员工都感到自身是被需要的、被关注的,让大家找到归属感。因为天下图要发展必定要不断融入一些别的团队,尊重非常重要,它是天下图与所并入的“新鲜血液”共同协作的基础。现在,尊重已成为天下图的文化之魂。根据发展的过程中面临的问题和积累的经验提出的企业文化,必然能够很好地指引企业的发展。

## 采访手记

关鸿亮的工作经历,感觉就像是一首串烧的青春之歌。每到一段旋律的最强音时,我们期待着他将这段强音持续下去,然而他每次都选择演绎另一首曲子,并将其演奏得完美无比;我们以为他会将青春之歌串烧得一塌糊涂,然而他却用实力证明,不同领域不同节拍只要用心谱写,依旧可以造就辉煌。关鸿亮工作上的跨界,是为了提升自我、更好地解决问题的跨界,是为了提升工作效率、增强专业技术的实际应用情况、改善行业发展现状等理想共同促使下产生的跨界。工作上的跨界给人以耳目一新之感,也使得他通往“地图图书馆”的道路越来越近。

“找准方向,然后坚持下去”,这是关鸿亮对青年一代创业者的建议。方向不一定求大,但一定要有自己的特色,只有带有自身特色的才是有价值的。一旦找准了方向,就一定要坚持;只有坚持,才会有成果。在创业的这条路上,需要不断地学习、不断地跨界吸收新的知识,需要一颗坚定不浮躁的心,需要能担起重担的双肩,需要对这个行业的尊重与热爱。

我们任何一个人都不可能去复制他人成功创业的过程,创业很大程度上取决于自身经历、自身要求,但是我们可以从像关鸿亮这样成功的创业家身上学到很多知识，从而更好地规划自身的创业之路。

**采 访 人**：张儒侠 资源环境与旅游学院2013级
史 珉 资源环境与旅游学院2013级
王悦敏 资源环境与旅游学院2014级
向 柳 资源环境与旅游学院2014级
**指导老师**：李诗朦 张 璐

# 廉毅翔：创业同行，青春不悔

廉毅翔，2011 年毕业于首都师范大学美术学院美术学（师范）专业。四年大学，奠定了他扎实的美术专业基础；两年大学生村官，磨炼了他坚强的意志；三年创业，坚毅与创新并存。从大学生村干部到创业者，从大兴区到顺义区，从创业萌芽到开花结果，他用 5 年时间学到了精湛的工艺技术，终于成为葫芦烙画创作家。作为首都师范大学的优秀毕业生，他策划油画艺术展；作为一名性格开朗的创业者，他广结朋友。迄今为止，认识他的所有人都对他竖起大拇指。今天，他来到了首都师范大学美术学院，为我们讲述他的创业经历。

## 一群志同道合的朋友

时间回到八年前,异地求学的我跨越黄河来到北京。面对大都市,我的眼界瞬间开阔起来,我似乎看到了未来,我想在这样的舞台上翱翔绽放。当我面对未来时,保尔·柯察金的名言浮现在我的脑海中:

> 一个人的生命应当这样度过:当他回首往事的时候,他不会因虚度年华而悔恨,也不会因碌碌无为而羞愧——这样,在临死的时候,他能够说:“我整个的生命和全部精力,都已献给世界上最壮丽的事业——为人类的解放而斗争。”

我的人生也应该这样,在和平年代虽然没有轰轰烈烈的革命,但是“予人玫瑰,手留余香”仍是我内心深处的追求。

我的创业开始于2011年,那时候我大四。创业初期,最重要的就是善于利用自己的各种资源。在首都师范大学期间,一次偶然的个人油画展经历让我结识了两位志同道合的朋友:2008级艺术市场的段铁牛,2009级油画班的高梦迪。我们志趣相投,无论是处事方式还是性格上都有一定的共性。一个人的能力和精力是有限的,但众人拾柴火焰高,齐心协力的我们经过不懈努力,终于看到了公司的雏形。所谓“孤军奋战,其力有限,众志成城,坚不可摧”,团队的力量是我们前进的动力。

## 目标明确便乐在其中

创业既要有主观条件的满足,也需要客观条件的配合。创业的方向,就像远航的风帆一样,经过几次调整才能锁定远方。

> 创业的方向,就像远航的风帆一样,经过几次调整才能锁定远方。

公司成立于2012年5月,最初的业务确定为室内装饰画的绘制、平面设计。经过一年的时间,我发现这两项业务只能偶尔接些小活儿,年营业额还不到5万元,根本做不成事业。2013年5月,我们开始做关于艺术生高考方面的创业项目,以郑州为突破点,在每年艺考时,邀请多所艺术类大学的学长学姐到考点与高三考生进行交流,组织举办专场讲座,获得考生和家长一致称赞,成效显著。但这个事情可复制程度弱,如果把这个成功模式复制全国,需要投入的人力、物力太大,我们无法承受。另外,时间区间特征比较明显,只有在每年艺考的关键时期才能顺利开展这种模式,不利于长期发展。经过前两次创业的经历,2014年2月,我们开始了持续至今的主营业务——葫芦工艺品的开发与推广,它类属于传统文化、工艺美术行业,可以做很多的产业延伸,在原材料的种植和后期加工方面都可以进行产品创新,加入"福禄"文化开发的产品市场前景广阔,目前一年的营业额达到了前两年其他业务相加的三倍还多,这也让我们看到了希望,坚定了发展的信心。确定了目标便可以开足马力前进,虽然现在葫芦工艺项目的开展也充满了艰辛和困难:比如我们亲临原材料种植第一线,炎炎夏日劳作在田间地头;加工过程被工具烫伤、挫伤等;但只要目标明确,便会乐在其中。

现在,我们公司主要业务是从事葫芦手工艺品加工,这是我们的切入点。以后我们还有更长远的规划:我们想做葫芦文化大观园,还想做葫芦工艺品的开发,把它作为一种商品去推广,比如说做成容器、茶具、餐具等。依托葫芦手工艺品的开发,继续延伸产业链,做实种植、加工等各个环节,保证整个团队创业生态的良性发展是我们产品的一个方向。现在我们在琢磨"酒葫芦"的产品开发,酒葫芦不仅有观赏、收藏价值,而且还具有药用价值,据《本草纲目》记载:"祛火明目助消化。"即用葫芦装出来的酒有明目败火、助消化的药用功效,相信我们最终开发出来的产品一定会让大家眼前一亮。我们前期也和一些大型酒企沟通过,他们对于我们的酒葫芦产品期待很高。现在,我们也不断地去接触一些产品文化方面的知识,因为葫芦手工艺品现在在世界上已经算是一种物质文化遗产了,它背后也一定是要有文化支撑的,并不仅仅是画得好就行了,它里面包含的很多产品知识,是需要我们慢慢去学习和积累的。

虽然我们创业的整体方向已经明确，但是我们还面临着团队整顿的挫折。因为是大学生创业，所以我们人员流动较大，人员构成基本都是在校或刚毕业的学生，包括我们三个原始股东，都是在校时期的同学，员工也基本是以学弟、学妹兼职为主。因为大家来自全国各地，入学年份不同，每年都有新人进、老人走的情况发生，经过三年发展，我们的“战友”已经更新了三代。每一次招募新成员，我们都要组织多次培训和带练；每一次老员工因为毕业离开我们团队，我们都要想尽一切办法弥补岗位缺失。有时候毕业员工的离职刚好赶上公司业务最繁忙的时期，这样对团队的冲击会很大。不过，即使是这样，我相信我们还是会开心地走在创业之路上。

## 最重要的是信念

我不想碌碌无为地过一生，我想实现自己的人生价值，完成我的梦想。

个人价值的体现是除了经济利益外最主要的创业初衷。财富固然重要,但对于一个人来说最怕的是个人价值得不到体现。一成不变的工作是需要按照规章制度去实行的,这个过程中很多想法就会被埋没,无法体现出个人的价值。

对于打算自主创业的大学生来说,最重要的是信念,或许你会力不从心,或许你会失败,但只要信念还在,这条路就可以走下去。大学生创业能够让你提前接触社会,审时度势;让你对自身有一个更好的认识,从而更好地给自己定位;而且会提前帮助你做一个实验,看你到底适不适合创业,就算真的一败涂地,也会为你以后指明一条道路。如果你开始创业,那么在大学期间就已经积累了比别人多一两年的经验,这些都将是你人生发展的原始积累。

我觉得创业第一步是一定要有一个明确的方向和目标,创业不是一次科考,它是踏踏实实一步一步做起来的,不管你从事什么行业,不管你创业的定位是什么。所以在目标清晰之前,不要轻易地下手尝试,一定要首先明确目标。第二点,在拟定好目标之后,还不能轻易尝试,要先进入市场、进入社会,去了解一下,做一些调研和考察。找一下这个行业里面的潜力,找一些朋友多多打听,提前规避风险。多从别人的口中得到经验,然后再利用到自己身上。第三点,团队组建也是创业过程中不可或缺的一部分,毕竟现在的我们羽翼还不丰满,而创业的道路难免磕磕碰碰,个人的能力毕竟有限,队友之间相互支持与鼓励是跨过这些坎坷的强有力的动力,但是组建团队一定要找合得来、有共同职业理想的同道中人,这样大家劲往一处使,才会有事半功倍的效果。

## 采访手记

在当今这个创业竞争如此激烈的社会,廉毅翔师兄能够获得成功,良好的目标意识非常重要,创业最重要的是要有目标。生活而无目标,犹如航海而无指南针。创业亦如此,要有为了目标坚持不懈、持之以恒的执念,不能一遇到点什么挫折,就说这个目标是错误的,要坚持走下去,哪怕是最后发现自己错了,那也是为以后的成功奠定了基础、积累了宝贵的经验。没有目标的人是迷茫的,尤其是到了十字路口时,你会不知道如何选择,而那个目标则会在你彷徨时,为你点亮前方的路。

**采 访 人**:高红辰　美术学院2012级
**指导老师**:贾利妮

# 程度:我想守卫互联网的安全

程度眼睛里的红血丝透露出他前一天一定又熬夜了。作为一名创业者,他一人分饰多角,非常辛苦。程度,2011 年毕业于首都师范大学信息工程学院计算机软件与理论专业。曾经就职于一家游戏公司、拿着不错的薪水且只要本本分分做好自己事情的程度,为什么放弃了原本相对安逸、轻松的生活,而选择了艰辛的创业之路,从而建立了中国第一家专注于服务互联网企业客户的安全公司——青藤云安全?在这个创业成为人们谈论最多的话题之一的时代,创业需要什么样的素质?大学生创业应该注意什么?怎么样才算创业成功?让我们来聆听程度的创业故事。

2004 年,我进入中国人民解放军信息工程大学计算机系读书。本科期间,我把大量的时间精力花在学习上,每门学科成绩都特别好,几乎门门都是班级第一名。可是这样的我在找工作的时候并不如预想中的顺利,与此同时,平时成绩一般的同学却都找到了理想的工作。我开始反思,这是为什么?我的理论知识如此扎实,为什么在踏出校园、迈入社会的时候却显现不出优势?渐渐地,我意识到了自己与他们的差距。原来,在我埋头苦读,为取得优异的学科成绩而沾沾自喜的时候,他们已经不再局限于课本上的理论知识,而是步入社会,在实践中学习。而我,还一直按照高中时代的学习模式,仅仅从书本上汲取知识,这局限了我的眼界,更不利于知识的活学活用。

> 我并没有过度地将时间及精力放在课程学习上,而是把更多的时间和精力放在走出校园、弥补自己实践的不足上。

2008 年 9 月,我来到了北京,奥运会的成功举办为这个大都市带来了巨大的机遇。这个充满机遇与挑战的大都市让我的欲望空前膨胀,我告诉自己要留在这里,要在这里闯出自己的一片天地。于是我到首都师范大学信息工程学院就读研究生,进行深造。吸取本科的经验, 在研究生期间, 我并没有过度地将时间及精力放在课程学习上,而是把更多的时间和精力放在走出校园、弥补自己实践的不足上。

到研究生二年级的时候,我已经先后在航天五院、百度以及一家创业公司实习过。这些实习经历确实教会了我很多东西,也使我在如今的创业之路上少走了很多弯路。闲下来的时候,我也会和许多男生一样,喜欢打 Dota,这是一个以团队互相帮助为主的竞技游戏,培养了我在如今创业之路中非常重要的不服输的竞争精神以及合作精神,也使得我更加坚信寓教于乐的重要性。

## 聚焦互联网安全问题

研究生毕业时,由于一些个人原因,我拒绝了很多人都羡慕的百度的

offer,选择了能为我解决一些个人问题、实践性更强的国内某知名游戏厂商。

那是中国最大的网页游戏开发、运营企业之一,在那家公司,我每天只要完成自己的工作,不必操心公司的运营状态,逍遥自在。我在公司做的是安全方面的工作,公司经济效益很好。在工作中我意识到安全对于公司的重要性,不仅仅是我工作的这家公司,安全对于所有游戏公司都是非常重要的,因为游戏中的所有信息都在服务器上,服务器一旦被黑客入侵,损失是无法估计的。但是公司却没有足够重视安全这一领域,可能很多时候系统被侵入了都还不能及时发现,市面上也还没有一家专注做互联网企业安全并且做得很好的公司。市场上的这一缺陷,打开了我的创业大门。

创业首先得解决自己发现的问题,并且这个问题要具有普遍性和必要性,有市场需求才能创业。经过一番调研,我发现安全问题在很多领域都存在,例如银行、电子商务等,市场对这一工作的需求是很大的,而且这一领域在美国已经相当成规模了。

创业首先得解决自己发现的问题,并且这个问题要具有普遍性和必要性,有市场需求才能创业。

2014 年 8 月,已年过三十的我决定这一次要跟着我内心的想法走,跟着我的梦想走,不向现实妥协。因为我看到了巨大的市场需求,看到了巨大的商业价值。我毅然决然离开了当时工作的公司,跟随昆仑万维研发负责人,也是青藤创始团队的带头人,选择了披荆斩棘的创业之路。同一时间,我们创立了青藤云安全,为全球互联网企业的安全而生。我们的创始团队有 8 个人。公司成立之初,就得到了真格基金、云天使基金和丰厚资本的联合投资。

“安全”是一个老生常谈且各行各业都离不开的词,也是云计算以及整个互联网的基础属性。我们的业务面对的是已经超过 1000 亿美元并且还在持续高速增长的全球安全市场,现在进入是一个非常好的时机。作为一家初创的互联网安全公司,我们定位在比较高的起点上。我们的团队成员都是顶尖的技术人员——有来自爱立信的分布式系统的专家,有机器学习

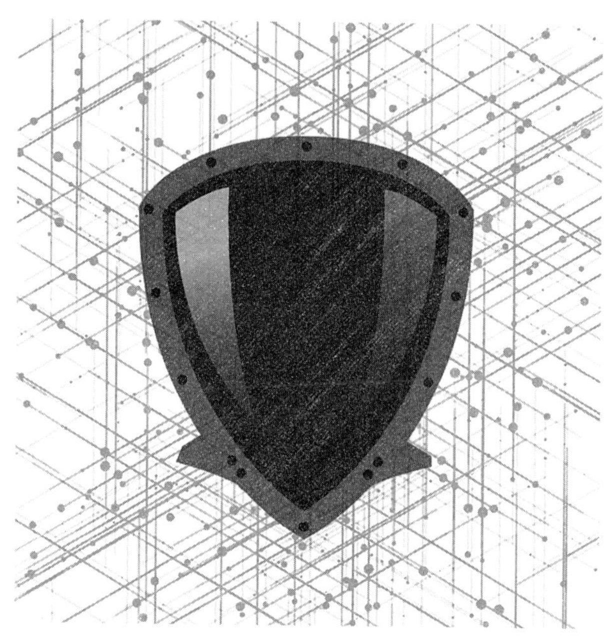

和人工智能方面的大牛,有“码龄”15 年的超级码农,还有国内顶尖的黑客、安全专家。相对于传统基于硬件的安全产品,我们的产品是以“云”的方式向互联网企业提供安全服务,通过技术和商用创新让企业安全不再是奢侈品,企业的安全体系也不再难以构建。目前我们已拥有数十家知名互联网企业客户,如京东云等,我希望在未来,青藤云安全能够成为互联网企业市场的龙头企业,最终打造成一家技术创新驱动的伟大企业。

## 信念让我坚持

创业的道路当然不是一帆风顺的,正所谓无商不“艰”,创业艰难可是一点儿都不假的。相比就职于其他公司、国家机关或者事业单位,创业还真是得亲力亲为,因为我们是主人翁,我们的命运和公司的命运紧紧地绑在了一起,公司失败就是我的失败。

祖国创造了这么大的需求,又提供了这么多技术。大家都在为梦想努力着,而我们自己又已经在路上,有什么理由不好好做呢?

在创业的过程中,我们走过不少的弯路,遇到各种各样的技术问题,我们反复调研、研究、开发,一点一点地解决,这需要花去我们大把的时间和精力。公司的人手少,工作任务很多,每个人都非常累。比如我自己,不仅要完成本职研发工作,还参与了很多产品技术调研和市场商务事项,有时候为了满足客户需要,还要承担一些客户支持的角色。我的工作时间从 9:00 到 22:00,一周六天,工作时间基本占据了我的生活,真的是非常辛苦,压力也非常大。想起之前在公司给人打工那种相对安逸的日子,心里真有些难过,那是一种说不出的悲凉与无奈。但是,既然踏上了这条路,我早已做好了吃苦的心理准备。不管再苦再累,我都会坚持。因为创业需要坚持,创业不是一时半会儿的事情,想成功就得有坚持的精神,不坚持永远不会成功。

在今天,互联网的发展正以惊人的速度逐步覆盖人们的生活方式,信息的查找与发布,在线交流沟通,网络社交,B2B、B2C、C2C 交易服务,博客、论坛等个人网上家园,视频展播,多人在线游戏,等等。互联网已经渗入到人们的日常生活当中,因此,互联网的安全问题越发显得重要。而且互联网安全问题应该要做到防患于未然,不要等到威胁已经出现才大吃一惊。我们公司致力于研发能够实时检测互联网公司安全性能的产品,致力于为互联网公司提供全面可靠的安全体系,我认为这是一件对当今社会、对互联网时代都非常有意义的事情。我实现了自己的价值,公司对社会也会有很大的贡献,所以,无论如何,无论多么艰辛,我都会坚持做下去。

## 给师弟师妹们的建议

在公司里,我有“首席科学家”的昵称。如果要重新设计一下我的本科和研究生生涯,我还会这么过。正所谓“理论指导实践”“根基不牢,地动山摇”,理论知识是武装和丰富自我的主要手段。

本科四年的理论知识学习为我的创业之路奠定了基础，是我能稳步发展的保障。如果没有这些理论知识，我根本不能将自己的实践本领发挥到极限，最后只会强劲有余、后劲不足。

研究生的经历让我收获颇丰，锻炼了我的自主学习能力。在研究生期间，往往都是老师给我一个课题，或者说是一个方向，然后靠自己去钻研、去学习、去总结。学校里还有去外面学习的机会，在导师的安排下，我的毕业课题就是在一家创业公司完成的。现在我也开始创业了，每每回顾这些经历，我都很庆幸自己在学校学习过程中的实践经历，这真的是一笔宝贵的财富。就像有句话说的：不要让上学阻碍了你的学习。

我希望在校的师弟师妹们一定要重视实践。当然，不能忽视理论知识。我现在都还在学习数据挖掘呢，就是因为研究生期间太注重实践而忽视了理论学习。要两者兼顾，将理论与实践结合起来，达到理论指导实践、实践检验理论的高度。

在我看来，创业必须具备一些基本素质，例如创新点、市场、人脉、团队以及理想主义情怀。

首先是创新点。创业若做太多大众化的东西，是不容易得到认可的。只有具备创新点，有了方向，才可以谈创业。创业必须创新。

其次是市场。创业者在创业之前要进行调研，确定做的东西是否是大家需要的，做出来后是否是有市场、有价值的，做的事情是否对这个社会有意义。

然后是人脉。人脉是一笔巨大的财富，是在学习、工作中积累的，他们是在创业路上可以帮衬你的人，还可以是跟你同舟共济的人，或者是你创业途中遇到挫折的时候给你帮助的贵人。无人不成事，创业者要十分注重编织自己的人脉。

第四点是团队。现代社会是一个团队合作、抱团取暖的时代，单纯依靠自己个人是无法完成创业的。公司成立之初，我们 8 个人就是一个团队，我们有共同的理想、共同的奋斗目标，遇到再大的困难我们都一起承担。

最后是理想主义情怀，我个人认为，创业是九死一生的事情，纯商业驱动的创业是走不远的,要有理想主义、有情怀、有为这个社会作贡献的决心。一个没有理想没有梦想没有抱负的人是不可能成为创业者的。只有当一个人是他自己理想的坚定执行者时,他才有可能吸引有同样特质的人,这样组成的团队才会有价值,这也是面对各种不确定性的最大法宝。

大学生创业,很多时候都是因为一时的冲动,没有经过深思熟虑,更没有经过大量的市场和社会环境的调查分析。创业需要勇气和毅力,但这样的勇气和毅力必须建立在个人较高的创业素质和能力之上,否则也只能算是蛮干。所以我希望在校的大学生们,在学校期间,不要不顾一切地去创业,首先要到一些公司去实践学习,特别是一些大公司。等到积累了经验,有了一定积淀后再开始创业。

## 采访手记

人生的许多乐趣只在一个过程,体验过程的所有感触才是创业的最高境界。人生不会空白,因为我们曾经为梦想努力过。有这样一句歌词:“曾经年少爱追梦,一心只想往前飞。”的确,年少的我们都有过一颗追梦的心,然而残酷的现实和压力,让我们不断改变着自己的梦想。但是也有这么一群人,他们能坚持自己的想法,坚持自己的梦想,不畏惧现实的压力,他们都是好样的!梦想是灯塔,指引人生前进的方向,照亮人生前进的道路,世界那么大,跟着自己的梦想走。

**采 访 人:**孔祥红　信息工程学院 2014 级
李　涛　信息工程学院 2013 级
李姗姗　信息工程学院 2013 级
**指导老师:**董　璐　万玛宁

# 杨志宇:“游动”的思考,坚毅的行动

杨志宇,男,北京人,现任北京嘉正育德文化发展有限公司董事长,国际古琴养生学会理事。2007 年考入首都师范大学初等教育学院攻读数学方向,后研读中国社会科学院产业经济方向在职研究生。2011 年末进入清华附小出任数学老师及校办教师工作。2012 年,进入北京金必德经济管理研究院进行产业规划、旅游规划、品牌策划研究,为贵州毕节、河北安国等多个地区编制发展规划,同年开始筹备建立公司。2014 年,正式创办北京嘉正育德文化发展有限公司。经过一年半的时间,公司已开设 2 个校区(第 3 个正在筹建中),现有 35 名员工,与北京市宣武回民小学等 6 个小学开展合作,开设艺术、体育、科技类共 40 余种课程。

## 积淀、激情、机遇

在首都师范大学经过四年的小学教师养成教育,具备了岗位能力及职业素质的我,骨子里有一种创业心气,想到外面的世界闯一闯。于是我选择了结合我的专业背景,自己创业。

本身我对策划很感兴趣,因为总有一些想法和点子,正好有为政府做规划的一个机遇,就抱着试一试的心态去了。当时我主要是给地方政府做旅游和产业规划,帮他们进行资源的梳理,做定位和发展的脉络。这段工作经历直至今日还让我刻骨铭心。比如,以前我去过邹城,梳理过当地资源,那儿有医药产业园,那么就可以发展生物。类似邹城这样的经历,让我觉得读万卷书,不如行千里路,因为在这个过程中,不仅能够看到各地的风土人情,还可以了解当地现状和产业前沿,这对个人能力培养来说是非常有帮助的。

而这三年的经历中,有一句话让我印象深刻,“没有调查研究,就没有发言权”,这是我之前公司老板每天都挂在嘴边的一句话,这句话对我的启迪和感触非常大。不去调研,就不知道现在小学的现状,不知道哪些课学生会选择,哪些课学生不会选择,这些都有助于我在以后的事业道路上确定发展方向;帮政府做产业规划的时候,过程非常复杂,但这些烦琐的过程让我具备了敏锐的大局掌控力;这几年的外出学习和工作的经验,让我了解了不同地区的风土人情;与不同的人打交道,也使我更懂得了如何跟人接触。现在看来,那三年的积淀让我受用终身。

说干就干!

说干就干!就一定要说干就干!我觉得创业不存在失败,为什么这么说呢,即使你的创业项目没有成功,但是在这个过程中你所经历的、你的经验以及你积淀的人脉和知识,这些东西是不会消亡的,它们就是属于你的财富。你的项目可以失败,但是你收获的东西永远不存在失败。所以,说干就干的勇气才是最重要的。这跟我个人的经历和性格有关系,作为一个创业者,有自己的想法就要立即去实施,按照自己的想法去做;但如果作为一名一线教师,很多想法就没有办法第一时间去实施。比如,像我现在学习的古琴弹唱古诗词,如果我是一线教师,那我这个愿望是很难达成的,只有我自己创业,然后与学校交流,才能将这些课程带到小学当中去。也就是因为这份激情,面对机遇时,我才可以紧紧抓住。

2014 年,一个新政策映入眼帘,国家的“330 计划”,就是小学生下午 3:30 放学,也称作“城宫(城市少年宫)计划”,我相信以此为契机,为小学生提供课后学习的平台,主要开设学生比较感兴趣的课程,例如科学、艺术、国学等,会很有机会。机遇来得很快,之前的积淀和激情告诉我,说干就干。首先,我非常热爱教育行业,在产业规划时,也没有放弃过教育,在日常工作之外我经常选择去带些力所能及的家教。其次,是源于一个老师的一句话:现在社会上,都是一些不懂教育的人在胡搞教育。我觉得这样对学校、对孩子都不好,既然我是学教育出身,那我为什么不能办呢?所以我就毅然决然地开始创办这个公司。

## 大学的收获与建议

首先是知识的积累,大学期间,我挂过科,但这些挂过的科目我现在都学得非常好,也给了我不少启迪。比如,当时我挂过一门数学课,学的是微积分,而现在,微积分的应用以及如何利用微积分来了解小学教材中圆锥体体积公式推导等对我来说都是信手拈来,而且这对我分析教材也有很大帮助。在大学期间,奥数教练员考级评定、学院开设的课程、小学数学教法、奥数以及解题研究等等,对我现在的教学都起到了非常大的支持作用。其次,我也很感谢院办、学办、教科办的老师对我科研项目的帮助,如果没有这次校级科研的经历,后来的很多机遇,我可能都难以把握。比如,做产业规划的初期,领导认为我不是专业出身,犹豫要不要留下我,但是了解到我做过这个科研项目的课题后,毅然决定留下了我。最后,特别感谢首师大的几位老师对我走向创业道路的指导。

我要特别感谢张凤霞老师,当时与某学校谈的时候,他们想要开一门国学诵读课,但是与他们的沟通交流出现了问题,如要达成怎样的效果,学生要具备什么样的知识储备,要使用什么样的教材,等等,这些让我很是迷茫,这时我就想到了咱们学院对朗诵非常精通的张老师,她听说后,不辞辛苦地过来帮忙。还有崔增亮老师,首先我创业的机会就是崔老师提供的信息,后期他也不断地帮我联络。刘效利老师,也给我出了很多主意,帮助我联络很多有经验的人。这些老师都是在我的创业道路上对我帮助极大的人。

> 一定不要荒废大学的学业,所有的课程都将会有帮助。

对于创业与就业的选择问题,我个人非常支持大家去创业,但是大学四年的学业一定不要荒废,你在大学学的每一样东西都会对你有帮助,我大学学的所有东西,到现在都用上了。例如我现在给学校开篆刻课程,这就是我大学时学习了一点,毕业后也学习了一段时间。很多人对篆刻不懂,就会觉得危险,大家会有这样的顾虑;但是篆刻真的不会碰到手,有印床挡着,任何角度都不会碰到手。还有,我们的围棋课程、国学课,这些对于小学生到底有哪些帮助、锻炼哪些能力、培养哪些方面的思维？我在大学时期的学习，对这些课程的认识和理解、对现在的课程设定就有极大的帮助。我一直秉承着一个理念，学什么都是学，学什么都可能会用得上。

所以，首先，一定不要荒废大学的学业，所有的课程都将会有帮助。比如大学数学、物理，你可能觉得高深莫测，跟小学没有关系，其实不是的，这些课程会给你非常多的启迪。其次，在大学期间，一定要积极参加各类活动，在创业过程中，很多项目都需要与别人去交流，所以与别人沟通的能力，一定要在大学中把握机会去锻炼。第三，创业过程中，性格也非常重要，一定要沉得住气，无论是创业还是当老师，只有厚积才能薄发，还有做事一定要果断，想一千天，不如实干三天，这三天哪怕是失败了，再从头来，也比你不去行动要有意义。第四，做人一定要常总结，每个人的经历不同，成功的人都是一样的，不成功的人各有各的不同，一定要经常总结自己的不成功，这比学习他人的成功更有意义。最后，我们公司的名字叫“嘉正育德”，嘉言懿行，果行育德，美好的语言能够鼓励人，果断的行为能够培养人，希望学弟学妹们都能够嘉言果行，将来在工作岗位上也能坚持下去。

## 采访手记

在大学生活中可能每个师范生在夜聊中都会面对这样一个问题：如果你不当老师，那你会去做什么？初等教育学院数学专业的毕业生杨志宇用他的积淀、激情与机遇诉说着一名师范生的许多可能性。未来不仅仅是人的憧憬，可能更是一个行动家踩过的泥泞小路，相比之下杨志宇面对未来选择的是“择己所爱、择己所长、择世所需”。在他看来，也许未来就是苦练古琴的手指甲留下的那道“沟壑”，终有一天将通向远方。

杨志宇的成功绝非偶然。在大学的时光里，他的商业头脑就在有限的校园生意圈里徜徉，虽然事情不大，但意义深远。而在毕业之后毅然决然地走向创业路，也让他的人生不同于其他的应届生，这足以看出他性格中的果敢。而在三年的外出积淀中,他更加坚定了自己的创业决心,在面对新的政策时,他如同毕业时一样果敢,开办了属于自己的公司。他的成功绝非偶然,而是一颗实践家的心陪伴他走过这奋斗的几年。积淀、激情、机遇一气呵成所能带来的效应是超乎想象的,杨志宇驾驭了它们,以创业精神奋斗着与师范生相同的教育梦,意义非凡。

**采 访 人**:赵　伟　初等教育学院 2013 级
彭　瑶　初等教育学院 2014 级
**指导老师**:陈　源

# 张钊:焙爱物语

你有想过一家烘焙店背后的故事吗? 暖洋洋的房间里的每个角落都充溢着一段说不完的故事。21 岁的他,没有成熟的经验,没有足够的资金,没有丰富的人脉,但却一直践行“做了未必满分,但不做一定零分”的座右铭,踏上了创业的征途。

3 月的天,温暖中微微带着寒气,但这并不影响我们在一个散发着淡淡奶油香味的屋子里,面对着一个阳光帅气的男生。这个仅仅大我三岁、简历把我惊得一塌糊涂的人,也就是我的采访对象,2014 年毕业于首都师范大学信息工程学院电子信息工程专业的张钊。

# 眼界决定境界

我很感谢信息工程学院对我的栽培,不只在学业上指导我,学校还提供了一个平台,让我能够施展自己的才华,从大二、大三低年级党支部宣传委员,到大四时担任高年级党支部书记,并创立了精英团队,在保证学业的情况下,我从事了很多社会工作,这种收获是在学业上得不到的。这是一种生活的经历,很多同学以后的工作可能是和自己专业不对口的,趁青春多进行一些锻炼,最主要的是要从中找到自己的位置,大学生要对自己的未来有一个很好的规划。课程提供的是专业知识的巩固,社会工作则是对阅历的丰富。

保研后,我大四有一整年的时间考虑以后的事情。刚开始的时候,先来了一场毕业旅行,就简单地四处走走看看。但在旅行中更深刻感受到的是对自己未来生活的规划,看自己想要有什么发展过什么样的生活。当时有一个很好的机会,我在普华永道的市场部实习,外企环境下所接触到的事情和工作,同国企相比有很大不一样,除了可以开阔眼界,还可以接触到很多新鲜的创业理念。当时想,趁着年轻,可以考虑一下自己作自己的主,自己做自己的老板,做一些新的尝试。

刚开始创业的时候确实经历了一番磨难,以当时自己的客观条件来说,在经济、精力以及资源方面其实都有一些困难。现在,我们店面的装修看起来做得很简单,但每一间屋子的墙纸,都是我们3个合伙人自己贴上去的,包括家具的选择、搬运等一些事情,都是自己亲力亲为的,就真的是恨不得一个人当两个人用,女生当男生用,来避免不必要的支出。

但总的说来,在这期间挥洒的每一滴汗水,都是为了构筑梦想。困难总会过去,但经历不是口头上可以感受到的。其实真正走到最后,再大的苦难都只会成为一段难忘的过程。

随着店铺逐渐走上正轨,我们又面临着一系列新的困难,比如资金问题。一开始的资金，大部分是我们打工赚来的，并且我们不是百分之百的股份制，而是合伙制。然而发展过程中需要持续的资金投入，在起始阶段，收支不平衡的时候会出现亏空；不过，学生创业本身也具备优势，学生的背后是自己的学校，这是一个强大的后盾。学校为我们提供了资金上的支持，并且我们在各自学校参加创业比赛后拿到名次，学校也会给予一定资金上的奖励。除了资金，还有资源问题，如何让更多的人知道店铺的存在，如何让更多人了解它，并且对它产生兴趣、想要参与进来，这些都是我们后续需要不断思考、改进的地方。

## 收获了一种思维方式

创业给我最大的启示，是收获了一种思维、一种看待问题的方式。当你有了创业的经历，你就会不自觉地留心生活中所有能给你启发的点，细心观察生活中的方方面面。

生活中一些看起来毫无关联的事情，其实都是环环相扣的。在本科的时候我就对科普类方向有了接触，后来在首师大附中等一些学校进行实习，发现其实做小孩的生意很能挣钱，现在的时代注重孩子教育，更注重孩子从小的培养。我在北航读的专业也是科普方面，大家也知道，在烘焙的过程中，会有等待的时间，我开始思考：等待的过程中是否也可以有一些新的创意来消磨这些空洞的时间？后来我们就开设了烘焙课程，将一个个鲜活的画面投影在墙上，讲述科普知识，孩子们爱看也爱学。

一方面，我将这种改进与自己研究生科普方面专业相联系，充分发挥了自己的优势。另一方面，从孩子的教育以及家长的心理上，他们不仅仅喜欢一家人一起参与烘焙的过程，更享受一种故事性的知识探索。我们也有在北京外国语学院的合伙人，正在考虑逐步以全英文的形式讲解，提升自己的亮点以及核心竞争力。

成功必然是一个积累的过程，虽然在这个过程中也离不开环境的影响，但除了身边家人、朋友的支持外,更重要的是来自合作伙伴的支持。因为志同道合走到一起的小伙伴,除了共同合作的愿景外,更需要的是一种性格上的互补、思维上的冲撞,因为如果几个人的思维线是一致的,是无法看出事物的其他可能性或潜在问题的。所以,合作伙伴性格的互补以及头脑风暴般的思维碰撞非常重要。

如果我们只是单纯卖饼干和蛋糕,其实人家完全没有必要选择我们,有很多像味多美这样的大型连锁店可供挑选。所以我们更注重时下人们关注的情感化过程,我们的客户来源主要是亲子、男女朋友、聚会,这些群体共同点都是以感情作为媒介联系在一起的,所以我们用 DIY 的方式,增加人与人之间的相互联系,吸引顾客的同时也使得顾客在制作过程中产生更好的情感化体验,细腻的印象愈加深刻,才能愈好地继续下去。

年轻人具有冒险精神,他们有知识、有文化、有热情。但难的是如何在热情中找到合适的自我定位,做好完备的考虑。冲动时,你可能会发现一个很好的创意,并且发现这个创意并没有别人来做,但从一时冲动到真正开始实施,这中间要有一个缓冲期,短则一个礼拜,长则一个月。在缓冲期间,要考虑好几点问题:首先是市场调查,有没有人和你有相同的想法,他是否已经将想法付诸实践并且做好了;有多少人在做,他们各自的特点是什么,你要怎么做到不同,又要怎么在这个社会大浪潮中生存下来(从资金到精力上)。其次便是考虑客户的需求,有需求才有供应,从客户的观点出发,他为什么需要你的东西,你的东西能给他带来什么,他是不是真的需要。当你过了缓冲期之后,沉淀下来的才是能在你心中生根发芽的土地。创业不能只停留在说的层面,如果有创业想法,在做了一系列前期调查后,这个想法还根深蒂固地存留在脑海中,那么就要把想法付诸实践。时间可以过滤掉很多杂质,不尝试永远没有办法感受其中,要去切身体会它。

除了要做到完备的前期准备,还有一点是不能重复,比如不能跟政策重复。政府能做的东西,并且能够做得比你好,那为什么还要把创业资金给你让你来做呢?同时,还要注意我们的不可替代性,人家需要,而这个只有你能做,只有有了不可替代性,才能将自己保留下来。

## 感恩无悔

做了未必满分,但不做一定零分。

对于首师大,我更想说的是感恩,感谢这四年来首师大对我的培养,给我提供了平台和机会,使得我接触到了很多精英,在相互交流的过程中提高了自己的格局。同时首师大也是我四年青春所在的地方,感谢首师大的栽培,也希望每个从首师大出来的学子,都能够感谢她,并且做到无愧、无悔于自己四年的大学时光!

掌握自己青春的资本,激情和热情如迷雾般,让我们渴望探索前方的世界,但迷雾终会消散,激情退去,热情不在,你所坚持的是否还是那个我们正奋斗的青春?做了未必满分,但不做一定零分。Better later than never,每个人都会烘焙出属于自己人生的物语。

## 采访手记

在这次采访之前,我与张钊学长曾有过一面之缘,那时只知道他是一个不只专注于课堂的“学霸”。直到整个采访过后,都想象不到这个只比我们大三岁的男孩子,竟然是一名保送北航的在读研究生,同时,又是一家烘焙店的店主。

学长阳光开朗的性格让人没有丝毫的距离感,做这个采访,就像午后时光里简单地与好友喝个下午茶、聊聊天,好不惬意。

采访中,学长简单介绍了创业过程、个人经历、店铺特色等等,而令我印象较为深刻的有两点:

第一是3位合伙人从零做起一点一滴的辛苦,一路困难重重,资金的问题使得他们很多事情都需要亲自动手,贴墙纸、搬家具都是亲力亲为。也许正是这共同吃过苦的战友们,在后来的合作中才能越发默契和团结。

第二就是学长所介绍的店铺特色。与其他DIY店铺不同,在烘焙等待的过程中,“焙爱”开设了一系列小课程,通过投影的方式令客人了解更多与烘焙有关的知识。这也许是一项简单的创新,但也足以提升在同类店铺中的竞争力。

最后想说的是,优秀的人也许不只是专注某一领域的成功,他们的思维会带领他们在各个领域大胆创新并勇敢去做。也许这也是张钊学长成功的秘诀之一吧!

**采 访 人:**郭　佳　信息工程学院2013级
王琪琦　信息工程学院2012级
**指导老师:**董　璐　万玛宁

# 李春子:跟随内心的“90 后”“鬼马精灵”

李春子,2015 年毕业于首都师范大学文学院戏剧影视文学专业。20 岁成立自己的工作室,任“剧好玩戏剧影视工作室”艺术总监,是“90 后”创业者代表。虽然工作室成立时间不长,但发展迅速,目前已成功演出小剧场 6 场,承接过红学会主办的曹雪芹诞辰 300 周年纪念活动,策划了大型交响管乐曲《说梦阮》全球舞台部分的布置。

# 兴趣是最好的老师

父母一直以来“散养”的教育模式、对周遭发生的一切与生俱来的好奇心、各种兴趣爱好得以长期发展的自由,所有这些因素都塑造了我“放荡不羁爱自由”的随性以及大大咧咧的个性。做事,我雷厉风行;做人,我爱憎分明、不计后果、无谓得失。这样的我或许会因为朋友受了委屈而打抱不平,又或许会因为深夜辗转反侧而突然来一次说走就走的旅行。面对这样一个古灵精怪的女儿,我的父母却表现出了超乎常人的耐心,因此当我毅然决然地踏上创业这条路时,他们微笑着点头支持,一路走来,正是他们的鼓舞和帮助,才让我可以心安理得地行走在创业路上。

> 主动学习和被动学习的最大差异在于前者是发自内心热爱一件事,而且心甘情愿为之付出时间、精力和心血,无怨无悔。

我很小就开始学习萨克斯,加入过很多乐团,也曾经接触过戏曲,正是这些经历让我深受艺术的熏陶,并与其结下不解之缘。高考填报志愿的时候,我毫不犹豫地选择了戏剧影视文学专业,兴趣驱动下的我除了认真对待老师讲授的专业知识外,课下也积极主动地去接触相关的领域。自从大二搬回北一校区后,一有空暇时间我就去看各种话剧表演,不管是大型演出还是小剧场,我总是乐在其中。主动学习和被动学习的最大差异在于前者是发自内心热爱一件事,而且心甘情愿为之付出时间、精力和心血,无怨无悔。

后来,为了能更深入了解话剧演出的整个过程,我到一些剧组替他们跑腿,做各种各样的杂活,虽然很累,但受益匪浅。这些经历让我对整个剧务的运营有了基本的了解,也为我后来成立工作室奠定了基础。

对未知世界的好奇造就了我热爱旅行的性格,大学期间每一次假期,我都会选择用旅行的方式给自己的心灵放假,美国、意大利、法国、荷兰、德国、日本等国家都留下了我的足迹。

我喜欢旅行的过程,因为每到达一个新的地方,都会面临许多的未知,

而我也体会到了所有新鲜事物带给我的快乐与灵感。在我看来,创业就是一趟随性的旅行,没有目的地,没有终点,以梦为马,随处可栖。

## 起点靠自己赢得

回想起在剧组时被当作雇佣工人般呼来唤去的经历,回想起作为手下听凭上级或者老板差遣的辛酸,一种忍辱负重、卧薪尝胆的使命感油然而生。虽然我深知,所有华美的瞬间都是独善其身、蓄势待发后的绽放,但生性不"安分守己"的我从那时起就下定决心要自己干出一番事业,体验一把掌握主导权的自豪感。

从良乡回到北一区后,我的生活有了很大的转变,平时能有更多的时间和志同道合的朋友一起聊天、看话剧表演,也更容易接触一些话剧界的名师和前辈,因此这两年间我积累了很多经验和人脉。

我深知所有华美的瞬间,都是独善其身、蓄势待发后的绽放。

大二以后,我待在学校的时间逐渐减少,因为我总是疯狂地忙于各种兼职。薪资不论高低,时长不管多少,只要有机会我一定不会放过,因为我想通过更多工作经历来修正我性格上的瑕疵。

那时候,我大口直言甚至出言不逊的情况屡见不鲜,因为心直口快而得罪他人让自己吃亏的事情也不占少数,所以我觉得自己就像是一块棱角分明、极具攻击性的顽石,需要被扔到河中将棱角磨平,从而变成一块温婉和润的鹅卵石。

我曾去肯德基刷碗端盘,到星巴克收银,帮别人写剧评,也当过家教,虽然大多数兼职的工资并不高,而且工作任务也相当重,但我仍然坚持着每天拖着疲惫的身躯完成工作任务。我讨厌半途而废,我也深知连这点小苦头都吃不了,便无法迎接人生的大风大浪。

生活就是这样,忙忙碌碌,往返奔波,或为了生存,或为了梦想,但我们必须相信现在所受的苦和累定是为了未来某件值得的事情。兼职的这些日子里,我与形形色色的人打交道,经历过喜悦,也有过不快,同时收获了许多在学校里无法接触的东西。当然,通过兼职我也攒了点钱,这些收入也成为我创办剧社的初创资金,我很自豪。我可以骄傲地说:我梦想的起点是靠自己赢得的。

虽然我自己是一名创业者,但我不得不承认大学生创业的风险性,就像股市般让人难以捉摸。对于一般家庭来说,创业的成本实在太高,家里没有那么多钱任你挥霍,要想创业,就得有真本事。你当然可以义无反顾追逐你的创业梦,但是要记得,所有的梦想都得由自己买单。

## 突如其来的迸发

其实成立工作室的想法在很早以前就有雏形了,但其真正的迸发却是突如其来的。

那是大二的一个周末，我和中央戏剧学院的朋友一起吃饭，聊天的时候无意间跟她提到了我的创业想法，当我正准备开始自嘲自己的想法太过大胆时，没想到她激动地握住我的手，眼里闪烁着光芒，大笑道："你知道什么叫志同道合吗?"于是我们俩一拍即合，当即决定共同创业，当天，就开启了我们的创业之路。

决定易做事难，之后的日子里，我不得不为成立工作室的事到处奔波，凭借自己努力挣来的资金以及长期积累的资源，终于，在 20 岁那年，我实现了成立工作室的梦想。

新生的事物总是单薄弱小，工作室也无法从一开始就风生水起，所以我只能不停地兼职挣钱来补贴工作室的费用。功夫不负有心人，在我和同伴的努力下，大三的时候，我们成功演出了第一部话剧。

> 我怀恋那些忙碌的日子，因为每一个为梦想奋斗的日子都是夜空中最亮的星，如此耀眼夺目，点缀了我的整个黑夜。

还记得那个时候为了节省成本，我舍不得花钱雇人清扫场地，于是一个人顶着 40 摄氏度以上的高温，在烈日下搬砖除草，所有的苦与累都只能自己默默承担。当别的同学在周末约会聚餐时，我还在为工作室的事情奔波忙碌；为了修改剧本经常熬夜到天亮。回想起那些在夜晚强打精神的自己，我总是不经意间露出微笑。我怀恋那些忙碌的日子，因为每一个为梦想奋斗的日子都是夜空中最亮的星，如此耀眼夺目，点缀了我的整个黑夜。后来剧社的发展逐渐步入正轨，成功演出了 6 次小短剧，承接过红学会在曹雪芹诞辰 300 周年的活动，策划过大型交响管乐曲《说梦阮》全球舞台部分的布置，看着自己全心全意经营的事业逐渐发展壮大，我更加深信所有的努力都不会白费。

现在的我尝试着担任导演、编剧、制作人等不同职位，扮演着不同的角色，体验着工作带给我的成就感。有时候觉得自己很幸运，能真真切切做着自己热爱的事情、忙忙碌碌经营着梦寐的事业，对于我来说，名与利不过是过眼云烟，我只愿守着我的梦想。

## 去选择生活

蓦然回首,那单纯的大学时光还历历在目,宛如昨日。大学的那些日子,因为没有任何经济压力,我们可以肆无忌惮地谈论梦想、高谈阔论地展望未来。但当大学毕业后,离开了父母的庇护真正地步入社会,你会惊觉之前的想法不过是空中楼阁;当你一无所有,还有什么资本壮志凌云?你凭什么让别人理睬你的梦想?

很多大四的同学毕业前都会面临选择,选项也不外乎出国、读研、就业或者创业。我有自知之明,深知自己不是学术型人才,也耐不住挑灯夜读的寂寞,便放弃了考研;权衡利弊后觉得出国也不是最佳选项;对于很多人来说,当老师或许是一个不错的选择,但一想到从今以后我的生活便步入一个循规蹈矩、千篇一律的模式,仿佛能一眼望穿余下的整个人生,我便毫不犹豫地划去了这一选项。我的人生,不需要波澜不惊的平静,就算被大风大浪击得遍体鳞伤我也在所不惜。我知道,我要去选择生活,而不是让生活选择我。

最后,作为一个过来人,有些心里话想要告诉学弟学妹们,有一句你们不愿听但我不得不说的话,就是好好学习,大学四年是一个独善其身、厚积薄发的大好机会。你们一定要珍惜作为学生的每一天,珍惜在大学的日子。在这个阶段你们还有犯错的机会,但一旦步入社会,你们便会体会到这是一个怎样弱肉强食、适者生存的世界,那时候所有的抱怨、懊恼都已无济于事。所以,如果你们想在这样一个残酷的社会有立足之地,就要努力成为一个强者。

“深处种菱浅种稻,不深不浅种荷花。”愿芸芸众生都能找到自己棋盘上的位置。

“深处种菱浅种稻,不深不浅种荷花。”愿芸芸众生都能找到自己棋盘上的位置。找准定位,找到你们真正想要的,然后奋不顾身,全力以赴。愿你们梦想成真,珍惜眼前这大好韶光,切莫辜负了它们。

## 采访手记

春子姐姐是一个阳光开朗充满正能量的人，访谈过程中，我能感受到她对自己工作的热爱和欣慰，她激励着我们要勇敢地追求自己的梦想，青春就是用来“挥霍”的，爱拼才会赢。当然，也并不是所有人都能够创业成功，必须在给自己一个明确的定位之后，才有成功的可能性。不管未来如何，希望每个人都能够跟随自己的内心，做自己喜欢的事情，但愿每天叫醒你的，不是闹钟，而是梦想。

**采 访 人**：严诗韵　文学院汉语言文学专业 2014 级

**指导老师**：陈　晨

# 谢金澜:创业是种自我实现

优贝乐国际儿童教育集团于2006年成立于香港,全面移植全美创造性思维游戏课程早期教育体系,专注于全球儿童创造性潜能与全面人格的研究、探索,是亚太地区早期教育界最具实力的教育研发集团。

作为优贝乐集团的创始人,谢金澜女士拥有很多的头衔,诸如国家二级心理咨询师、中国心理学会理事、中国心理学会心理测量专业委员会委员、亚太儿童心理研究院常任理事、优贝乐国际儿童教育集团首席教育官等等。同时,她也是我们的博士师姐,正在首都师范大学攻读儿童与发展方向的博士学位。本期由她作为创业导师,和我们分享她的学习生活经历,传授她的创业经验。

## 早期经历，历练人格

记得那是1993年，我初中毕业，家境贫困的我不清楚将来要做什么，不确定未来该往何方。但我知道，为了国家助学金，我要上中专。选择专业时，我并无目标，心想着只要被录取就好，于是把招生的专业都填了一遍，最后我被机械制造专业录取了。

四年的中专生活，发生了两件大事，可能许多人一辈子都不会遇见。一是同班的一位女生得了白血病，她家里承担不起医疗费用。最后我们决定全班同学一起行动，每天下课后分组，挨家挨户送报纸、发广告，为她筹款。那时候一页广告4分钱，一栋居民楼跑下来，也就只筹到七八毛钱。但就是靠这样的方式，最终我们筹到了一万两千多元。现在这么说来，会觉得不可思议——那得跑多少地方啊？可是沉浸在过程里，一切又顺理成章。

另一件事，是1995年包头地震，学校受损严重，我决定对每一个同学进行家访。因为没有固定交通工具，很多时候是徒步行走，这一走就是两个月的时间。具体的细节，不便多谈。但正是这些事情，让我懂得怎么规划未来、怎么迎接挑战、怎么克服困难。

> 每个人都要为自己负责。不依靠家里资助，不依靠国家分配工作，我们依然可以做我们想做的事情。

毕业那年，我们“幸运地”成了第一届国家不再分配工作的中专毕业生。受此影响，很多同学没有找到工作。我们几个同学集聚在一起，在城乡接合处租了一间房子，自力更生。大家从农民那里批发购进水果、蔬菜，然后分别用自行车拉出去卖。就这样，又过了四年。在这四年里最重要的收获就是明白了：每个人都要为自己负责。不依靠家里资助，不依靠国家分配工作，我们依然可以做我们想做的事情。而当成功时，我们能体验到非同寻常的自信。

我相信当下做的每件事情，都会对未来的事业有所裨益。中专四年，我从班级的宣传委员、团支部书记，渐渐成了学校的团委委员，最后是团委书记。

因为我在学校就入党了,所以后来顺利进入人大工作,进而转入党委工作。这也要归功于在学校社团活动中培养出来的组织能力、表达能力,还有处理各种工作细节的能力。

在政府机关的工作中,最早是做文书,然后是秘书。一开始只是整理文件,拿给不同领导签字。我每天会比其他人早到一个小时,下班多留两个小时:早到可以更好地整理文件、标示各种内容,让同事的工作更高效;再来就是打好水,清理办公桌,让大家有个舒适的环境和心情进行工作,下班后的两个小时,我留在办公室内模仿秘书们写的文件,或者把写好的文件提前录入到电脑中,校对完毕,第二天秘书来工作的时候,前一天的工作已经充分完成。这些事情,都不是我的分内事。正因为这样,大家加班的时候也愿意带着我,在政府工作三年中,我获得了非常多的指导,比起同期进入机关工作的同事,我进步更多。在这三年内,我还自考了行政管理和汉语言文学。但是我依然觉得需要有更大的突破,所以毅然决定到北京再读取一个本科学位。

## 求学中的兴趣转向

正是因为之前的工作,同事们一致推荐我,机关的领导也给予了我巨大的支持,我开启了在北京的大学生活,而且我成了唯一一个大学期间还保留机关工作岗位的人。也许很多人觉得政府工作很单调、难有建树,但是于我个人而言,决定建树的是人生态度,任何一项工作,只要想做好,就一定可以,没有做不好的工作。不愿做和逃避的心态,才是成功最大的敌人。

> 决定建树的是人生态度,任何一项工作,只要想做好,就一定可以,没有做不好的工作。不愿做和逃避的心态,才是成功最大的敌人。

2000 年 7 月,那时我还不会上网,不知道大学里的英语角。在北京就读期间,读的是国际贸易和管理学,等于修了双学位,那年我 23 岁。23 岁的我,却首次有了大开眼界的感觉——原来世界如此的辽阔丰富。看到那么多学生都在树下晨读,心中压力剧增,由于我的英语早已荒废多年,大学教室里听得懂的单词寥寥无几，一节课下来，恨不得往地里钻。这是我第一次感到如此自卑和渺小，没有一技之长，在这个辽阔的世界里怎么走得更远！

第一个暑假，我没有回家，捡了广告纸，在反面把牛津词典抄了三遍，英语稍微有了一点进步。新学期开始后，每天上完自己学校的课程，对此我就到周边的大学去看看。那时在中央民族大学，离首都师范大学不远，我买了辆二手自行车，到处蹭课听。第一次在首师大听心理学的课程，便对此产生了浓厚的兴趣，用了一个学期，把普通心理学、实验心理学，还有心理测量都听过了，后来，这些课程成了我在心理学道路上的启蒙课程。

2004 年，我回到原来的工作岗位上两年了，但我心里一直念念不忘在北京听过的心理学。机关单位的工作，让我感觉重复性大，想到未来 30 年都要这么做，我就感到恐慌。我想继续探索心理学，想知道在工作评价、人才测量和选拔上如何运用心理学。

于是我开始准备考研，后来我师从廖风林老师，就读心理测量。我又一次回到北京，廖风林老师给我提供了非常宽阔的研究视野，让我接触了各类型的测量方法、工具和研究对象,尤其是针对儿童、青少年所进行的心理测量和评价,对我后来选择用我所学到的方法为社会提供有价值的服务提供了非常重要的基础。

2008 年,我参加了一期志愿者活动,主题是“福利院儿童的心理健康”。我们不仅要从研究上了解这些孩子的心理成长过程,进行有效的评估,更重要的是对他们制订干预方案,给这些孩子提供活动和指导。我们当时用贝利量表、CBCL 儿童行为量表、韦氏智力量表等一系列的测量工具,然后分别有针对性地进行活动的干预。在福利院里,我接触了一百多个孩子。有一个孩子尤其令我印象深刻。我们刚到时,他一岁了,但他还不会站立,也完全不会说话。我们分成了几个团队,一周去三次,我每次都亲自进行干预,并把干预方法教给保育教师。经过半年的努力,孩子身上发生非常显著的变化。从此,他再无任何发育落后的迹象,反而在某些领域比同年龄的孩子还要优秀。这是第一次,我们感受到心理学的巨大力量,我感叹:“在孩子脑发育的关键时期,如果有科学的方法,并坚持执行,会帮助到多少孩子呢?”在志愿者活动总结时,全体人员都不禁流泪。我想:“如果我们今天的学习是有意义的,有一天可以让所学的内容发挥更大的价值,那么这样的工作即使再辛苦,也是甘之如饴。”从那时起,我的所有兴趣都转向了儿童心理测量和干预,后来,所有的创业,我都始终在这个领域里。

## 即使失败也要继续

2006 年,我成立优贝乐公司,开始通过自己的专业优势把科学的儿童心理理念普及下去,期待改变中国孩子目前及未来的教育。当时国内儿童心理领域处于快速发展的阶段,领域中的大部分都是空白。因此我决定从研究儿童心理的工作逐渐转向儿童早教的工作,而在这期间,优贝乐的第一家学校也开始建立。所有对孩子的测评用的都是科学心理学方法。如果我当初留在机关工作,也可以有份不错的收入,但是我要做自己喜欢并且有意义的工作。如何能把学习研究多年的儿童教育方向更深入,改变传统家庭的早教观念,成为我当时决心创业的初衷。

真正开始创业,并不如我所想象的那么简单。难题主要有两个方面:一是我们的服务是否被人接受认可,二是资金和员工。

我认为自己有好的理念、好的课程,但不是所有家长都能直接接受。在我开设了儿童发展中心以后,也曾遇到过太多的不理解,家长经常认为我们只针对已经发育落后的孩子。我们一遍一遍地给家长们解释,孩子的情绪发展是什么、社会交往是什么、注意力有哪些发展过程、孩子们的语言能力要怎么去培养?曾经遇到过一个家长,当测评的结果反映出孩子在很多领域存在发展问题的时候,她指着我们说:"你们都是骗子,就是为了骗钱的。"她表示不会来我们中心上课。后来,我们专门派了一位老师去家访,没有收任何费用,每周去一次。但是很可惜,因为她的不重视,这个孩子最终被医院诊断为自闭及发育落后,她才幡然醒悟,一定要到中心来上课。

> 进入一个行业创业前,需要三年工作的时间,这三年,分三步走。第一步,了解你的工作,做好;第二步,能提出对工作的建议和自己的见解;第三年时,你才可能有眼光看清楚行业的发展趋势,而未来你又能否胜任。

当所有的老师和校区皆备后,我们却一直面临亏损,这令人动摇——是否还要做下去?当时我们的投资是 300 万元,全部来自朋友。如果当时放弃,就只是亏损 300 万元。如果继续,就必须承担继续亏损的风险。其实创业最大的困难,就是得考虑资金链。2013 年,我们有 1000 万元营业额,但是我们还是缺钱。因为要做大、做强,就得不断投资。这几年都是在研发阶段,光产品研发就投入了 600 万元,至今还是没有利润可谈。当时我想:"我这辈子就要做这件事。即便这次失败,我还会继续做这件事。"一旦开始创业,所有能预见到的还有出乎意料的困难,都要面对。关键在于,是否有能力运用所有的资源去解决难题。我们所有的员工都是合伙人制,有利润都可以平分。他们自己都给自己规定,每周只能休一天。我们招聘时强调:如果你想创业,我们一起做,有兴趣,志同道合最好。最重要的还是在创业时一定要想清楚自己喜欢什么、擅长什么,做自己真心想做的,希望做到最好的,才能在千难万险的创业初期挺过去。

## 采访手记

纵观谢金澜学姐的求学与创业经历,不难发现,作为一个创业者应该具备的能力与特质,早已浮出水面。整个过程中,我们看到的不仅是一个创业者,更是一个逐渐完善自我的人。而要完善自我,最重要的是——要在各种活动中,了解这个世界和自己。杨绛先生有言:“你的问题主要在于读书太少,而想得太多。”笔者看来,很多同学的问题在于:他们实际去尝试做的事情太少,想得太多。而只有在各种事务中,我们才能了解到:我想做什么、我能做什么。在融资方面,可能很多人都不具备学姐的这种资源;但若不是具备良好的口碑,以及基于个人实力的信誉,想必即便有亲朋手握资金,也不会投资。谢金澜学姐的经历,给我们最大的启发在于,创业核心在于我们自身的完善。

**采 访 人**:佘炤灼　教育学院应用心理 2014 级
王雨萌　教育学院应用心理 2014 级
杨　帆　教育学院语文教育方向 2014 级
**指导老师**:李　媛

# 后　　记

看完了这么多学长的创业故事，我们也来讲一个小故事。

一位青年满怀烦恼去找智者，大学毕业后，他曾豪情万丈地为自己树立了许多目标，可是几年下来，依然一事无成。智者微笑着听完青年的倾诉，对他说："来，你先帮我烧壶开水！"青年看见墙角放着一个极大的水壶，旁边是一个小火灶，可是没发现柴火，于是便出去找。他在外面拾了一些枯枝回来当柴火，装满一壶水，放在灶台上，在灶内放了一捆柴便烧了起来，可是由于壶太大，那捆柴烧尽了，水也没开。于是他跑出去继续找柴，回来的时候那壶水已经凉得差不多了。这回他学聪明了，没有急于点火，而是出去又找了些柴，由于柴准备充足，水不一会儿就烧开了。智者忽然问他："如果没有足够的柴，你该怎样把水烧开？"青年想了一会，摇了摇头。智者说："如果那样，就把水壶里的水倒掉一些！"青年若有所思地点了点头。智者接着说："你一开始踌躇满志，树立了太多的目标，就像这个大水壶装了太多水一样，而你又没有足够的柴，所以不能把水烧开，要想把水烧开，你或者倒掉一些水，或者先去准备柴！"

相信在你的心中，正如上述故事所言，对"倒掉多少水，再添几捆柴"也会有自己的感悟和体验。大道至简，悟在天成，究其根本，成功的奥义从来都不是什么秘密。真正需要的只是你的虔诚和奋斗。他们或许曾经和现在的你一样，缺少资金、缺少经验，但他们努力去做并且坚持下来了，大浪淘沙沉者为金，风卷残云胜者为王。

杰夫里 · A. 提蒙斯(Jeffry A. Timmons)在其所著的创业教育领域的经典教科书《创业创造》(*New Venture Creation*)中对创业做了如下定义：创业

是一种思考、品行素质，杰出才干的行为方式，需要在方法上全盘考虑并拥有和谐的领导能力。创业是以点滴成就点滴喜悦致力于理解创造新事物（新产品、新市场、新生产过程或原材料，组织现有技术的新方法）的机会。我们现在经常使用的“创业”一词是一种狭义的创业语境。这种创业可以解释为创业者对自己拥有的资源或通过努力对能够拥有的资源进行优化整合，从而创造出更大经济或社会价值的过程。

作为创业活动中的主体，创业者的类型包括领导者创业、企业家创业、技术人员创业。而在本书的访谈录中，可以看到上述各种类型创业者的创业之路以及他们精彩的创业故事。正如其中一位优秀的创业者在接受访谈时这样回答：“什么是创业？是辞职？是离开体制？未必。创业，就是你有足够的时间、精力和自由，去做你认为有价值的事。创业无关乎形式，体制内或体制外，创业成功与否更不仅仅只是盈利与否。创业是件很简单的事情，秉持着创业精神，坚持下去！创业又是件很复杂的事情，它牵扯到项目、资金、团队、机遇……一旦走上这条路，你就要让自己成为一个多面手，方方面面都要尽在掌握。”

这些“创业历史”的口述者通过他们的言谈话语给予了我们很多的关键词，这些关键词串联起了整个创业活动的点点滴滴和全部过程。让我们摘录几句片段，共同回忆书中的创业金句。

首先，创业需要志存高远的目标。

“跌跌撞撞走来的这一路并不是为了那个辉煌的终点，而只是为了走那条路，那条让我充满热情的路。”

“‘深处种菱浅种稻，不深不浅种荷花。’愿芸芸众生都能找到自己棋盘上的位置。”

其次，创业需要一往无前的勇气。

“少一点犹豫，多一点勇气，迈出了那一步，人生的格局就会不一样。”

“不要怕做你没有的、欠缺的东西，只要敢于尝试，就一定会有所突破。”

再次，创业需要百折不回的坚持。

“胜败乃兵家常事，就算此刻输得一塌糊涂，下一刻依然可以卷土重来，坚持到最后才能真正‘笑傲江湖’。”

“所有华美的瞬间都是独善其身、蓄势待发后的绽放。”

最后，创业需要一丝不苟的管理。

“在创业的过程中，资金和想法并不是决定成功与否的关键因素，团队才是。”

“我逐渐发现管理的重要性，无论是从管理自己的时间，抑或管理自己与他人之间的关系来说，管理都是一个职业人的基本素质。”

正如意大利著名历史学家克罗齐所言：“历史是活的历史，编年史是死的历史，一切历史当它不再被思考，而只是用抽象词语记录，就变成了死的历史，所以一切历史都是当代史。”这也是我们编辑这一本创业校友访谈录的初衷，对每一位创业者创业之路的访谈与记录，并不是编辑一本“死的”创业史，不仅仅是辑录，而是让它被思考，让它再次鲜活。因为每一个企业的创办都是一段命运史，而命运兴衰的背后蕴含着人的规律。

本书是由多位首都师范大学的指导老师、创业校友以及在校的本科生、研究生齐心协力共同打造。看着这一本凝结了大家巨大心血的作品，回首创作时的心酸，让人忍不住热泪盈眶。各位校友以己为鉴，为了给后辈以忠告，在忙碌之余，不惜将光荣背后少为人知的心酸现于人前，讲述出了一个个有血有肉、有笑有泪的真实故事，仿佛他们千帆阅尽，少年归来。

感谢每一位接受采访的优秀创业者。是你们的无私分享，创造了这本精彩的访谈录，让更多的人可以在你们身上，挖掘到创业精神和成功经验，思考属于你们的“创业历史”。

感谢各位参与访谈撰写的老师们与同学们。多少个日子里，你们为访谈的内容东奔西走，从不同的角度为访谈搜集素材、添砖加瓦、奋笔疾书。感谢你们的付出和坚守，使得这个完整的创业校友访谈录得以问世。

特别感谢首都师范大学原招生就业处处长、北京市高师培训中心常务副主任孙彤，前期所做的大量工作与贡献，为本书奠定了良好的基础。还有校友工作办公室主任烟青，正是有了您们的战略指导和大力支持，为我们排除了本书编辑过程中的一个又一个困难,为我们保驾护航,使这本书最终修成正果。

感谢人民出版社的鲁静主任为本书的出版付出了许多心血与努力,为您的洞察力和专业能力点赞。

本书的付梓和书中创业故事一样,萧瑟处,无雨无晴,风波任平生。

编　者

2020 年 7 月

策划编辑:鲁　静
责任编辑:刘松弢
美术设计:汪　阳
责任校对:段雨菲

**图书在版编目(CIP)数据**

创业校友访谈录/缪劲翔,臧强 主编. —北京:人民出版社,2020.8
ISBN 978-7-01-022012-3

Ⅰ.①创…　Ⅱ.①缪…②臧…　Ⅲ.①首都师范大学-校友-访问记
Ⅳ.①K820.7

中国版本图书馆 CIP 数据核字(2020)第 056650 号

**创业校友访谈录**

CHUANGYE XIAOYOU FANGTAN LU

缪劲翔　臧 强　主编

人民出版社 出版发行
(100706　北京市东城区隆福寺街 99 号)

环球东方(北京)印务有限公司印刷　新华书店经销

2020 年 8 月第 1 版　2020 年 8 月北京第 1 次印刷
开本:710 毫米×1000 毫米 1/16　印张:12
字数:176 千字

ISBN 978-7-01-022012-3　定价:40.00 元

邮购地址 100706　北京市东城区隆福寺街 99 号
人民东方图书销售中心　电话 (010)65250042　65289539